「活得堅強」的哲學

從六位哲學家的獨到思想，解決不安、迷惘、苦惱的根源

白取春彥
SHIRATORI HARUHIKO
戴偉傑、張富玲——————譯

前言　為什麼我們現在需要哲學？

本書精選了六位哲學家獨到的哲學思想。

按照年代順序分別為康德（Immanuel Kant）、黑格爾（Georg Wilhelm Friedrich Hegel）、叔本華（Arthur Schopenhauer）、尼采（Friedrich Nietzsche）、維根斯坦（Ludwig Wittgenstein）、傅柯（Michel Foucault）等人。

為什麼挑選這六位哲學家？原因是他們的哲學所展現的思考方式或想法，在眾多哲學中獨樹一格且極具魅力。

極具魅力的意思是，僅了解他們部分的哲學思想，就能讓自身的想法與觀察視野變得前所未有的深入且寬廣，甚至可能大幅改變今後的生活方式與價值判斷。

而這在實際生活上造成的影響，會使得我們對眼前的世界完全改觀。也就是說，哲學擁有改變我們世界觀的力量。

◈解決「不安」、「迷惘」、「苦惱」根源的線索

本書所挑選的哲學家，從現今看來全都是古人。或許各位會有些存疑，這些古時候的哲學家思想，到底會為活在現代社會的我們帶來什麼想法上的影響呢？

若有此疑慮，便證明你陷入了「活在時間序列最前端者優於一切」的單純錯覺中。儘管生活在現代，並不表示我們就擁有最豐富的知識，以及先進的想法。

反而現代有不少人還抱持著舊時的思考方式。

例如，像命運這類事物，認為是老天設定安排好的。又或者有些人以一般「社會上」的觀念或「時代潮流」做為判斷正確與否的基準。

也有人遵循著「習俗」與「傳統」生活；更糟糕的情況是，有些人則跟著那些看似掌握物質或經濟權力者的一舉一動過日子。

還有，有些人只因受過十年以上的學校教育，上完一整套課程，便莫名自傲，認為「已學習具備了某種程度的知識，自己至少比古代人聰明吧」。

然而學校裡所教授的，僅僅是現今執政體制所需求、為了培育將來有納稅能力的國民所具備的知識與技能罷了。

在這之間還有執政方針所造成的偏頗，自然有其局限。

同時，為了將大多數人所需的知識或思考模式納入一定的框架中，最後只能產出在現在體制裡有用、但過於均一的思考方式與行動。

於是在才智方面，他人隨時可代替自己。

結果，這樣的狀況成為了內心拒絕學習的溫床，要打破惰性開創新的局面變得更加困難。

◈「思考力」由此開始！

不過，在如此硬化的情況下，正是將哲學的思考方式完整放入巨大裂縫中的好時機。

然而我想或許有人會認為，這每個哲學的思考方式怎麼看來十分奇特又古怪。

假設看來真是如此，應該是日常的思考方式完全受到世間的「常識」影響所致。受到世間常識影響的人，容易相信該常識是正常且普遍的認知。

最好的例子便是康德與當時體制之類的衝突。在哲學史上表現十分傑出的康德，他所著的《純粹理性批判》（*Kritik der reinen Vernunft*）也未輕易見容於當時的社會。

康德曾間接表示：「由於超過理性的界限，人類無法看到靈界或天堂。」這讓當時執政的普魯士王國與基督新教視「康德哲學」為危險的言論，甚至要求康德立誓「從今以後不在公眾場所談論宗教」。

無關理論的正確與否，只要與世間的想法與常識大相逕庭，哲學不僅被視為「異端」，甚至還會遭到「排除」。

直至今日，我們才了解腦科學的研究成果與康德的理性論極其相近（簡單來說，例如在認識物體形狀時，發現腦內細胞團會運用範疇來認識物體）。

在這層意義下，哲學在體制內是危險的玩意；此外，對於想打破目前滯塞或封閉現狀的人而言，哲學猶如手中的危險祕密文件。

了解哲學的思考方式並受到刺激的感覺，就像在自然界的草花的花瓣數量或鸚鵡螺形狀上發現了「費式數列」那般驚異。

視野大開，儘管並不會直接具體產生什麼助益，但明顯改變了自身對事物的看法。

而這等於完全改變了自己，擁有無限寬廣的可能性。

◈哲學真的不難也不艱澀

從古到今出現了無數的哲學家。有的有獨到見解，有的只會鼓惑煽動，也有的只是平庸教師之流。

我從中挑選了能給予我們現代人的思考及生活方式更深刻影響，擁有這種力量的六位哲學家。對於那些名氣響亮，卻無法成為我們現代人精神食糧的哲學家，便只能割愛。

因為我並不認為只要以哲學包裝的所有一切都很重要或有多特別。有不少的哲學理論雖然有名，但其內容早已不適用於今日的社會。相對的，也有些哲學讓我們特別受到啟發。哲學是一種「想法」，當然有好有壞良莠不齊。

如果人生有無窮盡的時間，如果也不需上班勞動，那麼就能遍讀所有的哲學書。但事實並非如此。因此，首先了解對將來的自己有助益的哲學精髓，是比較聰明的做法。

在此將本書介紹的六位哲學家的主要思想特徵，簡略描述如下。

康德…………闡述了「認識論」。亦即人看到了什麼，感知到了什麼。此理論說明人類的知覺有其限界，對許多人造成了衝擊，有助於改變過去的思考方式。

黑格爾…………在思考世界為何是這個樣子、怎麼發展形成時，導入了「世界精神」這種無形的概念，有條不紊、理路清晰地整理了世界的歷史。

「活得堅強」的哲學
白取春彥

做為如何用一種想法貫穿解釋所有事物，黑格爾的思想是最佳範本。

叔本華……認為真正在底層背後推動世界運作與人類行為的，是與一般認知意義上完全不同的「意志」。正是這個「意志」為我們的人生帶來了痛苦、喜悅、淚水與歡笑。

叔本華的《作為意志與表象的世界》（*Die Welt als Wille und Vorstellung*）成為哲學式人生論的濫觴，擁有撫慰人心的力量。

尼采……談論了「如何活得生氣勃勃的哲學」。

他認為人應該自由自在、不被世事萬物所拘束，以超越自我為目標，每天如同新生，創造比昨天更高層次的自己。

維根斯坦……表示，只要人類使用語言的一天，便無法精確談論關於倫理、真善美、或是神的一切。
因為語言是邏輯性的，關於人類最重要的事情運用邏輯思考是完全無法掌握的。

傅柯……從過去的歷史分析發現，人對語言的使用方式，形成了該時代的知識體系；該知識體系建構了該時代的政治統治雛型，再從中孕育出價值觀與倫理。
傅柯的思想雖然充滿政治性，卻也讓我們深思那些不受時代風潮左右的人，如何獲得「真正的自由」。

◈找到今後時代的那份「豐盛」

本書挑選的這六位哲學家有個共通之處。那就是「他們都十分充實豐富」。
康德在求知欲方面十分旺盛；黑格爾在於自身哲學想像力的規模龐大；

「活得堅強」的哲學

白取春彥

擁有豐富理解力的叔本華僅靠遺產度過一生，且死後將財產捐贈慈善，他同時擁有現實上的富裕；尼采在思考與表現上十分精采；維根斯坦雖然是理科出身，卻在建築、雕刻、哲學方面也擁有豐富的才能；傅柯則擁有無拘無束、自由生活的豐厚。

原本古代的哲學常誕生於豐裕的環境。在人口聚集交流的貿易城市中，才有哲學誕生，未曾聽聞在貧瘠的邊陲之地出現過哲學。

總之，在人與人的交流之間，從中湧現的好奇心、求知欲，各種討論的切磋等活潑的精神，孕育出了哲學。

我誠摯希望讀者能將那份豐盛藉由本書變成自己的養分，並各自找到豐富精采的生活方式。

目次

1 「哲學史」概要

2

人能夠知道什麼？

人的純粹理性必須以自由為前提。

3

透過「辯證法」看世界

Georg Wilhelm Friedrich Hegel, 1770—1831

人為了滿足欲望窮盡所有手段，
於是欲望無止境地膨脹擴大。

4

是什麼在推動人類和世界？

想買幸福，一般的鈔票是買不到的。
那麼，買得到幸福的是什麼鈔票？
那就是心情開朗。

5

什麼是理想的人類形象？尼采……135

Friedrich Wilhelm Nietzsche, 1844-1900

與巨大的苦惱奮戰吧！
那樣巨大的苦惱終將鍛鍊成就我們。
賦予我們新的視野，
教導我們全新的生活態度。

6

何謂「世界」？何謂「語言」？維根斯坦……173

Ludwig Josef Johann Wittgenstein, *1889-1951*

比起世上大多數人，
我的靈魂是暴露於外的。
這也是我的天才性所在。

CHAPTER 1

「哲學史」概要

從「西元前」到「近代的康德」

人類的哲學探究從這個「問題」開始

◈為什麼基督教必須窮究哲學？

「世界的本質是什麼？」探究這個哲學上提出的疑問，始於西元前六世紀的古希臘時代。地點分布於現今的土耳其沿岸至義大利南部、當時為希臘殖民地的港口都市。

後來，希臘受到羅馬文化的洗禮。這群以地中海為中心，擁有遼闊版圖的羅馬統治者凡事都傾向務實，至於那毫無實際用處，只是滔滔不絕地闡述抽象思維的哲學，便逐漸被逼至無人聞問的角落。

西元一世紀，基督教在當時居住在羅馬世界的一小群猶太教徒之間開始發展。隨著基督教的壯大，難敵內憂外患帶來的壓力、積弱不振的羅馬帝國於西元五世紀中期逐漸式微。

基督教編纂了《新約聖經》，至西元一八〇年左右之前廣泛流傳，並且以修道院為中心孕育了獨特的宗教式哲學，統稱為「經院哲學」※1（Scholasticism），內容偏向「神、永生與信仰方面」的研究。

基督教為什麼要探究哲學？為的是那些進入不同想法世界的教會，需要有統一的基督教義來支持。除此之外，為了對抗從正統派思想旁支出去的異端邪說，或猶太教等其他宗教，也必須捍衛自己的理論。

然而與此同時，所謂「哲學為神學服務」，使得原本普遍的、大眾的學問也因此受到局限而變得狹隘。

1〔編注〕意指學院的學問。哲學思想與宗教結合，其論證核心不脫天主教教義、信仰或上帝等。於八世紀末興起，十四世紀末式微。

以神學為中心的經院哲學，完全無法接受符合基督教義以外的任何想法。它具有排他性，甚至古代眾多希臘哲學思想，除了柏拉圖與亞里斯多德外，其餘皆視為異端。

這樣的研究態度造成了崇尚自由思考的哲學逐漸式微凋零。

另一方面，西元七世紀伊斯蘭教在阿拉伯地區興起。伊斯蘭教顛倒了《聖經》的順序經緯，主張：「《聖經》裡出現的真主本名叫阿拉。耶穌基督不是神子，只是人。」並強迫信眾改宗。

伊斯蘭教利用改宗與否來決定人頭稅的徵收，並藉此快速擴張了伊斯蘭教的勢力，也點燃了與基督徒長期的戰爭與紛擾。西元九世紀，穆斯林在巴格達興建了圖書館，至十二世紀前，招攬來自全世界各地的學者將古希臘柏拉圖※2（Plato）、亞里斯多德※3（Aristotle）等人的著作文獻翻譯成了阿拉伯文。

◈從「為神學服務的哲學」到「人文中心的哲學」

在歐洲，人類思想明顯發生變化始於十四世紀因貿易興起、位於托斯卡尼地區的佛羅倫斯等城市開啟的「文藝復興」運動。

文藝復興（Renaissance）字面為「重生」之意，具體而言，便是全面復興古典，使得那些久遠以前充滿希臘拉丁人文主義的古典文化再生。

而文藝復興得以興起，主要歸功於過往在伊斯蘭世界曾大量翻譯了古希臘

2 柏拉圖（西元前四二七－前三四七）：以提倡「真善美以純粹完美的形式存在於理型世界」等理型論（Theory of ideas）聞名的古希臘哲學者。他將老師蘇格拉底（Socrates）處理的各種主題撰寫成書，將其思想傳於後世。最廣為人知的作品是《理想國》（*Republic*）。

3 亞里斯多德（西元前三八四－前三二二）：哲學家。柏拉圖的弟子，也曾擔任亞歷山大大帝的家庭教師。從政治學到藝術等涉獵學問廣泛，並有系統地撰寫成書。此外他創設學園「Lyceum」，為現代的學問研究奠定了基礎。著名的作品有《尼各馬科倫理學》（*The Nicomachean Ethics*）。

的著作文獻，以及擁有這些知識財產的眾多希臘語學者，隨著拜占庭國滅亡輾轉逃入了義大利。此外，當時剛發明的活版印刷術也使得知識的傳播變得更加容易。

這股文藝復興風潮，理所當然的是對於全面掌控教育、文化主導權的教會的反抗；重視國家整體更甚於基督教會教區；傾向以人為中心的思考，而非教會教導的上帝是一切；重視當下的感官享受，反對基督教倫理道德觀。這一切彷彿讓許多人從一種窒息狀態重新呼吸到了新鮮空氣。

另一方面，哥白尼※4（Nicolaus Copernicus）與伽利略※5（Galileo Galilei）在科學上的新發現，也動搖了過去被認為是不變真理的基督教「天動說」。

這意謂著，基督教獨斷決定的世界觀逐漸瓦解了。擺脫了過去被灌輸洗腦、凡事全憑上帝旨意的束縛，知識分子開始從全新的角度思考事物，發展出以人為主體的哲學思想。

然而，去除了上帝或宗教教義這些觀念固定點的束縛，眾人腳步不再有所準則，於是對於如何觀看世界可說五花八門，誕生了許多自由奔放的學說思想。

◈從互不相容的兩大勢力中誕生的不安與思想

以下簡單羅列幾位著名人物的哲學思想及其代表作。

勒內．笛卡兒（René Descartes，一五九六－一六五〇）《方法導論》（*Discours de la méthode*）

我們可以懷疑周遭事物是否真的存在，但唯一千真萬確的是正在「懷疑這

4 哥白尼（一四七三－一五四三）：波蘭天主教神父、天文學家、醫生、法學家。他推翻了過去認為地球不動，太陽與其他星體皆繞著地球轉的論點，提倡地球其實會移動的「地動說」，建立了太陽系體系。著有《天體運行論》（*De revolutionibus orbium coelestium*）。

5 伽利略（一五六四－一六四二）：義大利科學家。他認為「宇宙好比一本用數學寫成的書」，他還發現了自由落體的定律。由於他為哥白尼的「地動說」辯護，甚至遭到羅馬異端審判庭的告發。著有《關於哥白尼和托勒密兩大世界體系的對話》（*Dialogue Concerning the Two Chief World Systems*）

件事」的自己是真實的。因此，我思故我在。此外，笛卡兒認為精神與肉體的結合與大腦有關。

巴魯赫．史賓諾沙（Baruch De Spinoza，一六三二－一六七七）《倫理學》（*Ethics*）

自然萬物一切的存在都是上帝（泛神論）。不論是物質還是人類都是上帝本身，只是顯現方式不同罷了。上帝有實體，上帝即自然。世上沒有偶然，所有的一切都受到絕對的邏輯性必然支配。

約翰．洛克（John Locke，一六三二－一七〇四）《人類理解論》（*An Essay Concerning Human Understanding*）

古代哲學家柏拉圖認為，「知識是與生俱來的，存在於人的靈魂當中」；笛卡兒主張「上帝的概念是人生來便擁有的」，過往不少哲學家認為人類擁有某些天賦觀念。然而洛克提出反論，「人出生時心靈猶如一張白紙（Tabula rasa）」。

因此所謂的知識，只是透過感官將經驗合理化，形塑成思想觀念罷了。

哥特佛萊德．威廉．萊布尼茲（Gottfried Wilhelm Leibniz，一六四六－一七一六）《單子論》（*Monadology*）

發明微積分的萊布尼茲主張，「宇宙是由單純的實在個體『單子』（Monad）所構成的」。

但單子又並非完全各自不同，有些單子受到彼此的內在驅動、相互作用，彼此影響。此外，每個單子中都包含了全宇宙，因此只要探究人類的精神層次的問題，很可能就能窺探全宇宙與上帝。

大衛．休謨（David Hume，一七一一－一七七六）《人性論》（*A Treatise of Human Nature*）

所謂因果關係與必然性，實際上只不過是人類的一種期待與信念罷了。

例如，我們觀察到升火會產生熱氣，也只能說兩者有所關聯，而無從得知兩者的因果關係。也就是說，必然性或因果關係其實是人類的心理期待與習慣所造成的。

因此，關於上帝與道德價值的問題，或科學問題，人類根本沒有任何判斷的正當依據。所以無論是科學，還是精神與靈魂都是不存在的。

這些哲學家掙脫基督教的束縛自由地思考，最終養成了普遍懷疑的態度，或是得在哲學上形塑上帝的形象，才能堅定不穩的信心。

在如此紛亂的哲學環境中，僅是一介學者的康德為了安撫這一切的不安定，歷時十五年交出了《純粹理性批判》。

CHAPTER 2

人能夠知道什麼？

康德

Immanuel Kant

人的純粹理性必須以自由為前提。

康德並不像從前哲學家那般漠視「理性」。
對於人類的理性到底如何運作
清楚描繪出輪廓，
更進一步說明了理性所求為何？

伊曼紐・康德

Immanuel Kant, *1724—1804*

康德出生於東普魯士的首府柯尼斯堡（現為俄羅斯的加里寧格勒）一戶製作皮製馬鞍的工匠之家。

他曾受過新教的宗教教育，之後進入柯尼堡大學攻讀哲學、數學、神學以及自然科學。不過，雖然愛好學習，另一方面，康德也熱中於賭博與撞球。

為了生計，他做過家庭教師，度過一段艱苦的時期。三十一歲成為柯尼堡大學的講師，四十六歲最終被任命為邏輯學與形上學教授。

在講師生涯的十五年間，康德教授的課程有數學、物理學、自然地理學、形上學、道德哲學等，授課範圍極為廣泛。

他在這段期間執筆的論文有《一般自然史與天體理論》（*Allgemeine Naturgeschichte und Theorie des Himmels*）、

《地震的原因》（*Von den Ursachen der Erdenschütterungen bei Gelegenheit des Unglücks*）、《自然地理學課程》（*Entwurf und Ankündigung eines collegii der physischen Geographie nebst*）、《樂觀主義試論》（*Versuch einiger Betrachtungen über den Optimismus*）、《論優美與崇高》（*Beobachtungen über das Gefühl des Schönen und Erhabenen*）、《關於自然神論與道德的原則之明晰性研究》（*Untersuchung ber die Deutlichkeit der Grundstze der natürlichen Theologie und der Moral*）等。從現代人的角度看來，可能會認為康德十分博學。事實上，當時的學習並無理科與文科之分，哲學甚至被納入科學的範疇。

一七五五年所撰寫關於天體的理論，說明所有恒星運動與過程，書中還提出現今以「康德－拉普拉斯※[1]星雲說」（Kant-Laplace Nebular Hypothesis）而廣為人知的假設。此外，在廣義的人類學方面，康德認為人類的起源應該來自於動物。

這樣的康德或許看起來像無神論者，但事實上他是有信仰的。不過，康德的信仰十分明確，也就是建立在排除不可思議現象與神蹟以外的信仰。

康德身高僅一百五十七公分，骨感瘦峭。並非不健康，但給人的感覺十分瘦弱。他勤奮博學，說話略為細聲，然而個性開朗，絲毫沒有陰鬱氣質，為人也十分有耐心。

曾上過康德課程的學生赫爾德（Johann Gottfried Herder，一七四四－一八〇三，德國哲學家、文學家及詩人），在某封信中如此寫道：「康德教授上課開朗又有活力，說話幽默風趣，經常逗得學生哈哈大笑。」

他平常過著規律的生活。早上四點五十五分由僕人通知進入餐廳，早餐是咖啡配一管菸；七點到九點則到樓下教室講課。中午十二點四十五分告知廚師準備，喝點小酒，一點開始吃午餐。

康德很享受這段午餐時間，總會招待四到九名客人一起用餐。然而受邀者鮮少是大學的同事友人，反而都是實務家或企業家，其他還有政治家、銀行高

1〔編注〕一七九六年，法國數學家拉普拉斯（一七四九－一八二七）提出關於太陽系起源於星雲的學說。其假設與康德所提出的論點相近，故後人將他們的學說合稱為「康德－拉普拉斯星雲說」。

層以及軍人，好朋友也全都是英國的商人。儘管康德和這些人都維持著長年的交情，但始終還是使用敬語交談。

康德終身未婚，但也不因此斷了與外界的交流，甘作一名老學究。他喜歡聊天，好奇人對什麼事物感興趣，在社交圈子裡觀察人間百態。他也不害怕與婦人交談，甚至樂在其中，在《純粹理性批判》風靡學界之後，友人希佩爾（Theodor Gottlieb von Hippel）一臉認真地說：「你乾脆接下來寫本料理方法批判的書算了啦！」

就這樣，康德過著固定作息的生活，每天照慣例要出門散步，但有次竟然忘了。那時候他正入迷讀著盧梭（Jean-Jacques Rousseau，一七一二－一七七八，法國教育哲學家）的《愛彌兒》（*Émile*）。讀完此書的康德表示，「過去我輕蔑那無知大眾，但如今我變了，自以為是優越感消失了，我學會了對人的尊重」。

很多人誇大康德古板又單調的人生來貶低挖苦他。其中之一正是德國詩人海涅（Heinrich Heine，一七九七－一八五六）。

海涅在《德國宗教與哲學史概觀》（*Religion and Philosophy in Germany*）一書中寫道：「康德沒有生活、沒有歷練……過著千篇一律、幾乎抽象的單身生活……思想界的偉大破壞者康德，在恐怖主義方面更勝羅伯斯比※2（Maximilien Robespierre）一籌……為何康德要用如此乏味、毫無生氣如包裝紙般的文體來撰寫《純粹理性批判》呢？……他將自己的思想包裝在浮誇、冷淡的官樣文章之中。」

然而，就現今殘存的文獻看來，康德從年輕開始做事即努力勤奮、充滿精力，在生活上特別注意自己的健康狀態。他生活儉約，卻長期資助親戚金錢，也經常關心那些將來有成長空間、程度中等的學生。他愛好交際，說話幽默風趣，對許多事物都特別好奇，但也因此錯失了兩次結婚機會。康德總是走在潮流尖端，他曾說，「寧為趕流行的傻子，不為落伍的笨蛋」。

2〔編注〕羅伯斯比（一七五八－一七九四），法國大革命時期政治家、獨裁者。

一七九六年夏天，已經二度擔任大學校長、高齡七十二歲的康德，上完最後一堂課便離開了學校。由於他的身體日益衰弱，家務只能委由看護料理。慢慢地，記憶與語言能力逐漸退化，也不太記得親友，到最後甚至無法分辨出甜味與酸味。

一八〇四年二月十二日上午十一點，康德微弱的脈搏停止跳動，離開了人世。一星期後的葬禮，全市動員，人群列隊夾道目送，軍樂隊演奏送葬曲，劇場休演。滿布白雪的道路已清理乾淨靜待隊伍通行。

主要著作

《純粹理性批判》、《實踐理性批判》（*Kritik der praktischen Vernunft*）、《判斷力批判》（*Kritik der Urteilskraft*）、《道德形上學初探》（*Grundlegung zur Metaphysik der Sitten*）、《任何一種能夠作為科學出現的未來形上學導論》（*Prolegomena zu einer jeden künftigen Metaphysik, die als Wissenschaft wird auftreten können*）、《永久和平論》（*Zum ewigen Frieden*）等多種著作。

「人是什麼？」——康德哲學探究

◈從基督教的價值觀轉變為「自己動腦思考」的時代

十五世紀中葉以前，基督教闡述的世界觀仍為主流與正統。如前所述，那時候的人相信，關於這個世界的神祕不可語的部分、人類的生存方式全都翔實記載在《聖經》上。

所以不管面對任何疑問，我們總是能回答：「《聖經》上是這麼寫的。」這對於自己不思考的人而言，是令人安心的依據。甚至在想法和詮釋上，基督教神學與教會都有擁有獨斷的權威與公信力。

然而，這樣的狀況隨著自由貿易帶來人口聚集、都市繁榮，以及科學上的發現與技術的進步，逐漸崩壞瓦解。

再加上各地接二連三發生革命，輾轉流亡至義大利的希臘語學者攜帶大量用拉丁語寫成的古代哲學文獻，以及從阿拉伯伊斯蘭教世界傳入的代數學，都為歐洲帶來了嶄新的思考方式。

如此一來，除了基督教式的思考方式，愈來愈多人也「開始獨自思考事情」了。

猶如積習守舊的時代到處山崩地裂，而全新的、自由的思考方式紛紛冒出隆起。

◈以「理性」為絕對基準的「理性主義」

於是從基督教世界觀掙脫後，十七、十八世紀在歐洲各國間產生了不少哲學理論，從內容與立場來看大抵可分為兩類。一是「理性主義」（Rationalism），另一個則是「經驗主義」(Empiricism)。

所謂理性主義（大多興起在歐洲大陸，因此也稱為「歐洲理性主義」）與現代人一般使用的「理性思考（實際上是有效率地思考）」意義上有些不同。

在理性主義下，事物是否真實存在，可藉由天賦的理性（人類生來所具備的東西）來加以確認。

例如，關於「上帝是否真實存在」的問題，由於人類生來就掌握了一些觀念或概念的理性，而理性承認上帝這個概念，所以推論上帝應該存在。

因此所謂「認知」，亦即人「知道」什麼（換句話說，將未知變成已知），完全依賴理性運作。

這個方法在利用演繹推理導出的數學上得到完全的發揮。因此理性主義的思維特徵在於，讓所有理性先行，成為判斷真實存在與否的絕對基準。

◈洛克是這麼思考的！所有知識由經驗得來

與歐洲理性主義完全對立的哲學方法，是在隔海相望的英國誕生的經驗主義。經驗主義認為，「人能得到『知識』端靠的不是天賦的理性，主要是由後天的感觀經驗得來」。

例如，經驗主義的開創者約翰．洛克在其著作《人類理解論》第一卷第二章中如此寫道：

「一般認為，心靈中的理性之類的原則是與生俱來的，然而地球上所有人類都普遍承認的原則，現實上根本一個也沒有……更何況我很難想像心智遲緩者和兒童也同樣具備理性的認知。」

那麼人得到知識的過程，洛克有以下描述。

「首先，藉由各種感官（感覺器官）導入每一種觀念，裝置在空白的心靈裡。隨著心靈逐漸熟悉了觀念，再將觀念保存於記憶中，為它們命名。之後心靈更進一步將觀念抽象化，慢慢學習運用普遍名詞。藉著這樣的方式，心中便儲備了可行使推理功能的觀念材料與語言。」

也就是說，洛克主張知識是經由無數經驗所導出的產物。

同樣來自英國的休謨哲學受到經驗主義影響，更帶有強烈的懷疑色彩。休謨認為，「人這種生物只不過依照自身的心理期待與習慣，來決定事物的存在與否罷了」。

例如，人總以為事物之間的關聯具有因果關係，但這其實是「因為我們養成了這樣思考的心理習慣，亦即因果關係只存在人心，並非現實必然的關係」。而這也否定了藉由因果法則所建立的自然科學。

休謨更進一步對自己的存在抱持著懷疑的態度。「許多人像笛卡兒一樣，理當然地認為現在正在思考的自己，其存在是無庸置疑的。但與其說是真正的自我，其實那只是心理作用的自以為罷了，根本無法斷定那就是真正的自我。」

休謨認為，「人只不過是各種知覺的集合體」。

在休謨所著的《人性論》第一篇如此寫道：

「不論何種印象或觀念，只要我們有意識或記憶，絲毫不覺得自己不存在。而起因明顯來自存在意識裡的完全觀念與信心。」

因此人只是將在任何狀況下的觀念、記憶、感情稱之為精神，而精神並非什麼完整特殊的存在。當然也沒有所謂的靈魂，休謨如此主張。

所有事物的存在，甚至上帝的存在都值得懷疑。然而這樣充滿過度懷疑的哲學思想是不道德的，休謨因此被視為無神論者，遭到了非議。

不過在歐陸邊垂的柯尼斯堡有位身材矮小的學者，讀遍了歐洲理性主義與英國經驗主義的著作，拜讀了休謨的著作。之後，他彷彿要回應他們似的，歷時多年撰寫了一部關於理性與認知的長篇鉅作。那就是康德的《純粹理性批判》。

◈「所有結果必有原因」是騙人的

我們以為看到的是東西本身；我們以為眼前的東西，直接就摸得到；我們以為看到的東西確實存在。

那麼，看見幽靈的話呢？因為親眼所見，所以幽靈確實存在？又或者，在清醒的狀態下看到了靈界呢？

因為親身經驗就認定存在的話，難免變成過於武斷的經驗主義。

那麼，有人看見幽靈及靈界，是否真能斷言實際存在呢？或是，那些從來沒見過天國卻深信天國存在的信徒們，又該如何看待呢？

與康德同代人，出生於瑞典斯德哥爾摩的伊曼紐．史威登堡（Emanuel Swedenborg，一六八八－一七七二）宣稱自一七四〇年左右起便不斷往來於靈界與現世之間。關於靈界的描述，寫就《天國的奧祕》（*Secrets of Heaven*，全八卷），並於滯留倫敦期間出版，在當年風靡全歐洲，上至王公貴族下至庶民百姓全都讀這本書。

史威登堡曾任職於瑞典皇家礦務局，是相當有名氣的技師，也出版與自然科學相關的書籍，烏普薩拉大學※3（Uppsala University）甚至邀請他來教授數學及天文學，他卻堅持辭退。由於有這樣的經歷背書，不少人對於他書中描述的靈界狀況照單全收深信不疑。

例如，在這本書有以下的敘述：

「靈魂，甚至是天使，他們的視覺（靈目）無法看見這世界上的任何事物。對他們而言，這世界的光或是陽光反而是漆黑暗淡的。同樣的，人的視覺（肉眼）也無法看到另一個世界。對人類而言，天界的光或是上帝居所之光，也只是一片漆黑。

「……天使與靈魂告訴我，祂們在面對其他人時，完全看不見這世上的一切，僅僅能知道那個人的思想與感情而已。」

喜歡與英國人交流的康德，從身邊的朋友聽聞了這位神奇的通靈者史威登堡來往靈界的事之後，抱持著懷疑與興趣，買了那套昂貴的全集閱讀。然後在四十二歲時發表一部短篇著作《（以形上學之夢來闡釋的）通靈者之夢》（*Träume eines Geistersehers, erläutert durch Träume der Metaphysik*）。

在這篇小論文中，康德認為靈界的樣子只是通靈者的幻夢。因為即使那樣的世界真的存在，以人類所擁有的感官應該是察覺不到的。人類的感官有其極限。而這個主張成為康德五十七歲時發表的《純粹理性批判》的要點之一。

康德在《通靈者之夢》斷言：「要獲取關於那個世界極致清晰的知識，只有失去一些在現世必要的知性（悟性）辨別才做得到。」

換句話說，「只要在知性弱化的狀態下，讓理性暴走，人就會胡思亂想，也就能看到靈異的幻夢」。康德的這個批判並非只針對史威登堡一人，同時也

3 〔編注〕創立於一四七七年，北歐最古老的大學。該校因誕生多名諾貝爾獎得主而享有盛名。

對那些一天到晚談論上帝、靈魂等形而上事物的形上學者及哲學家提出了批評。

那麼，知性是什麼？理性的暴走又是什麼情況？到本書《純粹理性批判》章節後半再詳細說明。

有了史威登堡作品的閱讀體驗，沒多久康德便從休謨的著作得到啟發，為過去關於認知的模糊想法找到了切入口。

到底休謨哲學的哪個部分刺激了康德？在休謨的《人性論》如此寫道：

「我們可以問，是什麼原因讓我們相信物體的存在？但是，倘若是問究竟有沒有物體？這樣的問法是無意義的……我們研究的主題便是，關於讓我們相信物體存在的原因為何。」

我們在日常生活中，總是輕易地判斷造成這樣結果的是那樣的原因。此時，我們認定原因與結果是必然相關的。

然而，休謨卻不這麼認為。

「這種關聯別無其他，是觀察事例、搜集觀念的心所造成的……簡而言之，必然性不存在於對象之中，而是存於心中的東西。」

在這裡出現了過去的哲學思想裡未曾有的視點轉換。而這給康德帶來了衝擊。

於是，康德欲更加完備休謨的想法，與此同時，他也想反駁連科學上的因果關係都加以否認的休謨。

◈我們能「知道」什麼？到什麼程度？

在康德的主要著作《純粹理性批判》中，大多回應了「人能知道什麼？」的問題。

不過，此處的「知道」是「認知」之意，而非我們平日使用的「知道」。也就是探討人類的認知功能到底完備到什麼程度。

康德寫道：

「主要問題還是『當知性與理性脫離一切經驗時，能夠認識什麼？認識到什麼程度？』而不是『人究竟如何具備思維能力』。」

亦即純粹的理性與知性到底能夠認識什麼、認識多少。過往哲學家對於「理性」的意義這個難以捉摸的字眼眾說紛紜，康德想試著為它描繪出功能的輪廓。

一般而言，例如我們「看見」就是一種認知。並且認為眼前看見的事物，其樣貌就是原原本本看見的模樣。

但是康德覺得沒有那麼單純。他認為認知與人類擁有的感覺器官——亦即眼、鼻、口、耳、手（皮膚）並無直接關聯。

如果看見等同於認知，那麼我們對於進入自己眼簾一切雜亂無章的事物，全都有所認知嗎？這完全是不可能的。

看見什麼、知道什麼，我們會在自身內部進行類似整理的工作。康德為此依序展開說明。

人知道眼前有「某樣事物」。一開始是感覺器官接收到了刺激。然而，這個刺激並不是直接來自於眼前的事物。我們接收到的是符合該事樣的範疇框架，但感覺卻像直接感受到來自事物的刺激。

例如，我們的皮膚能輕易感覺到事物的大小、是軟是硬。但那種感覺並不是事物傳達資訊給我們。而是對於看到或碰到的事物，我們總是用衡量自身感覺的「感受器」來判斷它們。這就是「感知」，亦即字面上的意義，我們總是不自覺地在執行它。

簡單來說，當事物以某種知覺形態顯現後，首先我們會不自覺地使用空間與時間來感知事物。

不過這裡所說的空間，並非我們平常所使用的（如「這房間的空間……」

之類）意義上的空間。這個空間是人自身所擁有的。

如同康德在有《純粹理性批判》簡易版之稱的《任何一種能夠作為科學出現的未來形上學導論》中寫道：「空間是我們感性的一種外在直觀形式。」空間只是我們感知事物時的形式。

時間也是人「為了覺知的一種形式」。例如，當我們察覺眼前事物的存在，該物必定在該處停留了一段時間才能感知。也就是說，只有使用空間而沒有時間是不可能感知到事物。

如果人天生不具備時間與空間這類的感性形式，那麼便完全無法知道眼前存在著什麼樣的事物。包括它的大小、寬度、深度都將無法得知。

或是，根本不會察覺到它的存在。同樣地，如果沒有時間形式，不僅眼前事物的動態，連微小的變化，甚至該事物的存在都無從感知。

◈「先驗」與「後驗」

認識事物時，使用人所擁有的空間與時間形式是「A priori」。在拉丁文（當時拉丁文在學術上為世界通用語言）中，「A priori」意即「在經驗之前」。哲學術語方面譯為「先驗」或「先天的」。

空間與時間並非透過經驗學習而來，而是人一開始就具備，因此先於一切所有的經驗。這也可說是「精神直觀」。

順帶一提，「A priori」的相對意義，也就是「只能從經驗上得到的」，拉丁文為「A posteriori」。有人翻譯為「後驗」或「後天的」。

康德在書中描述：「當我們說這項知識是先驗的，並不僅指它是與某某個別的經驗無關而存在的知識，而是與所有的經驗絕對無關而獨立自存的知識……而在先驗知識中，完全不摻雜任何經驗事物的知識稱為純粹知識。」

◈透過感性得知的事物，如何整理加工？

人透過先天具備的空間與時間形式，將感覺變成了知覺。然而，並不是所有的感覺都會變成我們的知覺。

我們對於覺知到什麼，會自然而然地篩選。如同當我們埋頭熱中於眼前的事物時，便完全無視於外界傳來的雜音那般。

也就是說，感覺只是無數未整理的刺激片斷，但經過整理，變成了組織化的知覺。每個刺激片斷如同一個個單音，將其整合連貫後就變成音樂。

而關於感覺的這些整理組合或調整，執行它們的就是「知性」(Verstand)。

日本人西周（一八二九－一八九七，明治時期的官員、啟蒙教育家）將其翻譯成「悟性」，我認為這古老的譯語既不適切又容易招致誤解。從佛家用語借用來的「悟性」給人一種神祕難解的印象。

然而，康德所說的「知性」一點都不難懂，就只是「理解能力」的意思。

表1 ——知性的功能

判斷的		
1 分量（Quantität）	全稱判斷（allgemeine Urteile）	〔所有的A是B〕
	特稱判斷（besondere Ureteile）	〔若干的A是B〕
	單稱判斷（einzelne Urteile）	〔此A為B〕
2 性質（Qualität）	肯定判斷（bejahende Urteile）	〔A是B〕
	否定判斷（verneinende Urteile）	〔A非B〕
	無限判斷（unendliche Urteile）	〔A是非B〕
3 關係（Relation）	定言判斷（kategorische Urteile）	〔A是B〕
	假言判斷（hypothetische Urteile）	〔如果A是B，C就是D〕
	選言判斷（disjunktive Urteile）	〔A是B，不然就是C〕
4 狀態（Modalität）	或然判斷（problematische Urteile）	〔A可能是B〕
	實然判斷（assertorische Urteile）	〔A是B〕
	必然判斷（apodiktische Urteile）	〔A必然是B〕

摘自《純粹理性批判》

德文原文是「Verstand」，譯成英文則是「Understanding」。

知性擔任的角色是判斷感覺器官如眼、耳所覺知到的事物。

知性的判斷指的是基礎性的判斷，而非精密的選擇。於是知性會對感知事物進行「分量」、「性質」、「關係」、「狀態」的判斷（表1）。

因此這不是單方面的作業，而是感性的接收加上知性的判斷共同作用之後，人才能認知存在於外部的事物是怎樣的狀況。

再來將所認知到的事物套入以下如「原因」、「相互關係」、「必然或偶然」等觀念範圍，稱之為「概念」。將所有概念以表列方式呈現，即是表2。

這些運用範疇的概念，則屬於知性中的先驗形式。亦即人的內部為了認知原本就具備了這樣的能力。

若是一開始知性就沒有具備這些概念，即便察覺事物的存在，也無法知道那是什麼。知性具備了概念，將事物整理歸納到適合的分類，至此才得以認識事物的大略樣貌。

表 2 ——先天具備的純粹知性範疇

1 分量
- 單一性（Einheit）
- 眾多性（Vielheit）
- 全體性（Allheit）

2 性質
- 實在性（Realität）
- 否定性（Negation）
- 限制性（Limitation）

3 關係
- 依附性（Inhärenz）與自存性（Subsistenz）之間的關係（實體性〔substantia〕與伴隨性〔accidens〕）
- 原因性（Kausalität，因果性）與依存性（Dependenz）之間的關係（原因〔Ursache〕與結果〔Wirkung〕）
- 相互性（Gemeinschaft）之間的關係（能動者與受動者之間的相互作用〔Wechselwirkung〕）

4 狀態
- 可能（Möglichkeit）—不可能（Unmöglichkeit）
- 現實存在（Dasein）—非存在（Nichtsein）
- 必然性（Notwendigkeit）—偶然性（Zufälligkeit）

摘自《純粹理性批判》

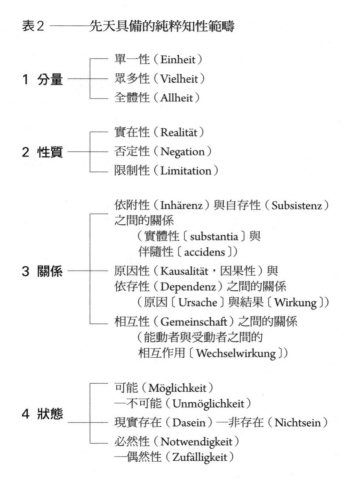

◈「知識」就是如此產生的

經過前面的說明，我們明白知性運用了先驗的規則（範疇）統整了現象。相較於知性，理性則是將知性得到的各種知識再進行先驗式的統一。理性與現象無關，只會處理知性整理好的知識。

因此，若將感性、知性、理性比喻成一連串各有特殊功用的過濾裝置，或許就不難理解了（表３）。

◈「理性」是永無止境的思考（二律背反的世界）

理性還有一個特性，那就是會從認識到的事物中不斷地推理、推論下去。康德舉了三角形的例子來加以說明。

「三條直線構成的平面圖形，具有三個角。」這是人可以直接認知到的。

表3 ———三種過濾裝置

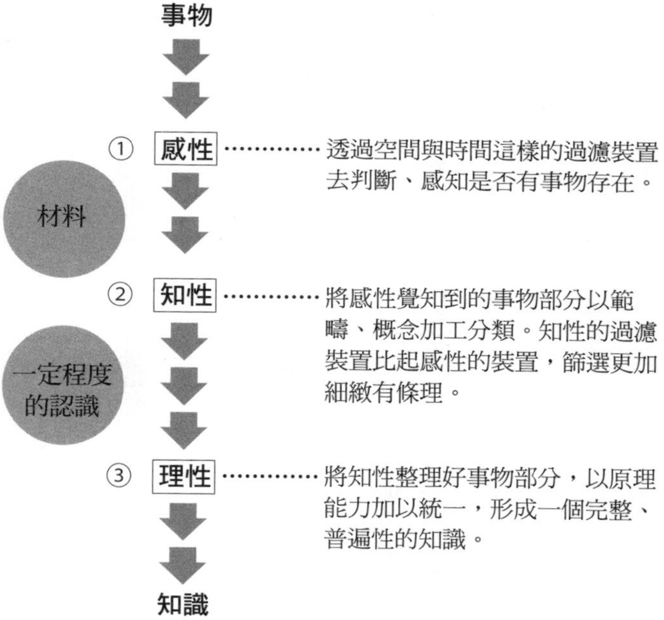
事物
① 感性
透過空間與時間這樣的過濾裝置去判斷、感知是否有事物存在。
材料
② 知性
將感性覺知到的事物部分以範疇、概念加工分類。知性的過濾裝置比起感性的裝置，篩選更加細緻有條理。
一定程度的認識
③ 理性
將知性整理好事物部分，以原理能力加以統一，形成一個完整、普遍性的知識。
知識

廣義的「理性」…………①＋②＋③
狹義的「理性」…………②＋③

但是「三角形內角之和等於兩直角(一八〇度)」能直接認知到嗎?

並不能。因為三角形的內角和等於兩直角是推論而來的,是邏輯上的知識。而能執行如此高度推論的,既非感性,也非知性,而是理性。

於是康德說:

「在數學領域裡,像這樣典型常見的邏輯推論對我們的生活而言是必要的。所以我們便漸漸習慣了推論,久而久之,再也無法區別直接知識與推論產生的知識之間的差異。最後,產生了錯覺。明明是推論得知的知識,卻誤以為是直接感知認識到的事物。」(摘自〈關於理性的邏輯使用〉)

這種因錯覺造成的日常思維,其中之一便是邏輯上思考的事以為就適用於現實生活中,亦即所謂的理想論或紙上談兵那類的想法。

在哲學上,康德批評形上學正是被這樣的理性邏輯弄得天翻地覆,變得愈來愈奇怪。在形上學方面,不論是自由還是上帝,大家總是肆無忌憚、漫無目的地討論著。這完全是理性邏輯無窮無盡的演繹結果所致。

康德對於這種理性的困惱，在《純粹理性批判》的序文開頭如此寫道：「人類的理性在某種知識上背負著特殊的命運。即理性總被那些無法拒絕，但也無法解答的問題所困擾。」

而這樣的理性，甚至為了追求掌握那些超現象及超經驗的事態，開始任意活動了起來。它遠離現實不斷地思考，最後產出的想法陷入了矛盾與迷惘之中。

例如我們思考宇宙的無限性。倘若宇宙無窮盡，那麼就不可能有所謂的起點源頭。那沒有起點源頭的事物存在嗎？當然不存在。

假設宇宙是有限的話呢？那麼宇宙起源之前，必然存在著什麼。到底那還是宇宙嗎？

就這樣，層層謎團接踵而來，最終陷入了矛盾與二律背反之中。

理性擁有推論能力，而不斷推論的結果，必將走到矛盾的死胡同中。為何會如此呢？因為推論或演繹等邏輯思考只適用於數學的世界。

然而許多形上學的學者認為數學及其邏輯思維，也能套用於超現象及超經驗的事態上，於是淨談些上帝、靈魂、永生、自由、不死之類的言論。

當然，這些要怎麼說都行，怎麼定義也沒問題。但即便如此，它們都沒有現實性。這點與黑格爾「凡能談論的事物都是現實的事物」的主張完全相反。

因此在神學或哲學（特別是形上學）上探討上帝或靈魂等問題，最終並沒有導出任何決定性的成果，徒生一堆充滿矛盾、非邏輯的夢想空談，各持己見的獨斷理論罷了。

不過，康德批判這些關於形而上的、超越人類感官的思考所產生的矛盾與二律背反，並非刻意否定上帝或靈魂的存在。

相反的，他試圖為信仰留下充分轉圜的餘地。另一方面，也告誡了人類那自以為無所不知的理性思考，是何等的傲慢。

◈康德看見的「真實世界」

一般而言，至今許多人還是認為，當自身以外存在著事物，人能直接感知到（換句話說，認知是根據或符合對象而去定義的）。但是康德卻認為，那是人運用天生具備的感官形式，使得外在事物被我們感知到。

即使如此，誰也無法保證人所認知到的事物狀態，就真正存在眼前。也就是說，人無法直接看到、聽見、感覺到事物。

人類只能根據自身的器官、功能提供的形式來認識外部事物。或者可以說，人類的世界是由「現象（可見的事物）」所組成的。

我們所看見的世界，並不是原本的世界，而是利用我們的「框架、容器」去感知而認識到的現象。

不過，雖說是現象，並不意謂著世界都是假象、是虛幻的。事物本身還是存在的。

只是人所能認識的，是透過知性、理性的運作，以概念、觀念的形式加工後的對象。除此之外，再也沒有其他任何方式能更進一步確實掌握事物的真實樣貌。

如此顛覆了過往的常識與認識的方向性，康德形容像是「哲學界哥白尼式的迴轉（或哥白尼式的革命）」。他比喻自己就像否定當時主流的天動說，而首次提出地動說的天主教神父同時也是天文學家的哥白尼。

不過，所謂「哥白尼式的迴轉」的說法，並不是康德在誇耀自己就像哥白尼那樣有了偉大的發現。在《純粹理性批判》裡，康德如此寫道：

「哥白尼因為假設一切天體圍繞著觀察者旋轉，卻無法合理說明天體的運行，於是修正假設使天體靜止不動，而讓觀察者繞其周圍旋轉，以試驗是否能合理解釋。」

康德同樣的也重新修正、反向思考，中和了前面提到的理性主義與經驗主

2

人能夠知道什麼？

康德

義，寫就了《純粹理性批判》。

「知識的產生」不是單方面倚靠理性或經驗，只有結合兩者才能辦到。

CHAPTER 3

透過「辯證法」看世界

黑格爾

Georg Wilhelm Friedrich Hegel

人為了滿足欲望窮盡所有手段，
於是欲望無止境地膨脹擴大。

黑格爾著有《法哲學原理》
（*Grundlinien der Philosophie des Rechts*）一書。
後來成為本書主要介紹的《精神現象學》
（*Phänomenologie des Geistes*）的基礎。
黑格爾認為，人的欲望被世界精神所操控，
會永無止境地膨脹擴大。

喬治・威廉・弗里德里希・黑格爾
Georg Wilhelm Friedrich Hegel, *1770—1831*

黑格爾出生於符騰堡公國的首府斯圖加特，一個稅務部門的公務員家庭中，年輕時進入圖賓根大學（Eberhard Karls Universität in Tübingen）就讀，取得了新教神學的碩士學位。

為了生計，他先後到了瑞士伯恩以及德國法蘭克福當家教，之後又分別到紐倫堡及柏林任教。

三十一歲時成為耶拿大學（Friedrich-Schiller-Universität Jena）的講師，六年後，出版了《精神現象學》。《精神現象學》如實體現了黑格爾哲學的魅力與奇妙，他在撰寫此書時，與租房給他的寡婦房東有染，甚至還有了孩子。

黑格爾四十一歲時和小他二十一歲的女性結婚，之後領養了與寡婦生的私生子。

據說婚後黑格爾開始記帳；他愛喝酒，在自家地下室裡囤積了大量的紅酒；此外，他在大學講課時還常吸菸。

「人生在世求的只有嬌妻與公職。」曾誇下如下豪語的黑格爾，一生出版了許多哲學書籍，其內容全都在闡述「世界精神的自我實現」。黑格爾以一種他洞知一切的態度書寫著。

他用這種態度貫徹了自己的人生，以及在《法哲學原理》中斷言「愛是一種感覺」。像黑格爾這樣彷彿知悉所有概念的態度，有人欣賞，也有人厭惡。對黑格爾哲學的評價，從當時就分為極端兩派。

有人讚揚黑格爾建立了十分龐大的哲學體系，也有人質疑他算得上是哲學家嗎？

例如現任職於科隆大學（Universität zu Köln）的哲學教授君特・舒爾特（Günter Schulte）在其著書中談到黑格爾時，形容他是「新教神學家」而非「強烈受到基督教影響的哲學家」。

一八三一年十一月，將一隻沾滿泥濘的鞋子脫掉，便光腳走向大學教室，精神不濟的黑格爾，感染了當時可怕的流行病霍亂，不到一天的時間就宣告不治。

然而，黑格爾的妻子瑪麗卻堅持死因是自巴黎旅行回來後罹患胃病的併發症。

他的夫人如此辯稱，其實是因為那半年來在柏林已有兩千五百人感染了霍亂病，霍亂在當時是大家聞風喪膽的不治之症，遺體只能在半夜堆埋於特定地區，而無法舉行葬禮為其安葬。

由於夫人希望黑格爾的死能夠比照聖者的長眠，而非當作霍亂感染者處理，最後遵照故人遺志，將其安葬在康德弟子費希特（Johann Gottlieb Fichte，一七六二－一八一四）的墓地旁。

黑格爾去世後不到三個月，妹妹克里斯蒂娜投河自殺。黑格爾的妹妹對兄長懷有異於常軌的愛戀，自從黑格爾結婚後便陷入了精神異常的狀態。此外，黑格爾也從很早以前就愛著妹妹，甚至還留下「妹妹對兄長的愛才是至高無上」之類的字句。

主要著作

《精神現象學》、《大邏輯》（*Wissenschaft der Logik*）、《歷史哲學講演錄》（*Vorlesungen über die Philosophie der Weltgeschichte*）、《哲學全書》（*Enzyklopaedie der philosophischen Wissenschaften*）、《法哲學原理》等。

「近代哲學的完成者」黑格爾的思考與方法

◈存在的事物一切都蘊含著矛盾!?——黑格爾的「辯證法」

提到黑格爾，許多人腦海立刻浮現的是「辯證法」（Dialectic）。

然而辯證法並不是黑格爾發明的什麼特別的玩意，而是源自古希臘時代的一種對話術或問答技巧。

就連身處現代的我們平常不自覺地也會使用這種技巧。簡而言之，就是針對某一問題或事項和對方充分對話、反覆琢磨推敲，最終導出與原先完全不同的結論，這也算是一種辯證法。

不過，黑格爾將辯證法視為存在於現實世界上一切事物的原理。這樣的辯證法一般稱為「黑格爾辯證法」。

關於辯證法也就是原理的部分，黑格爾主張，他觀察了這現實世界的一切生命、活動、運動，其根源都是做為原理的辯證法。

例如，每一件事情或每一種狀態，其自身內部幾乎都蘊藏著矛盾。而這就是辯證法運作的開始。

以政治而言，專制政治似乎維持了國家穩固，但是在這種穩固之中蘊含著對自由的渴望，而這可能會動搖國家體制。

為了消解這樣的矛盾，制定出容許一定程度自由的法律。於是專制力量較從前寬鬆，對自由的渴求相對減少，維持住了國家的穩固。

以人類成長過程而言，當少年成長時，對自己內心還是少年感到矛盾，或者欲抵抗即將長大的事實。但也只能內心整合這些矛盾與抵抗，慢慢地從少年長成青年。這樣的成長過程、轉變階段，黑格爾認為就是「辯證運動」。

事物中內含的矛盾（或是否定性的存在要素）會演變為更高階的、沒有矛盾、非否定性的全新存在，這樣的結果造成整體比以前更新、層次更高，稱之為「辯證運動」。

而這樣的運動在世間一切事物上隨處可見。

在解釋黑格爾的辯證法時，辯證運動的最初階段被翻譯為「正」（These），否定的存在稱為「反」（Antithese），整合「正」與「反」產生新的狀態則是「合」（Synthese）。

三階段統稱為「正・反・合」，同樣的論述也有人翻譯為「定立・反定立・綜合」。

像這樣講述同樣的概念卻以不同的用語表現，將之整理如下：

正＝肯定＝定立＝These＝即自

表4 ——辯證法不斷地運動

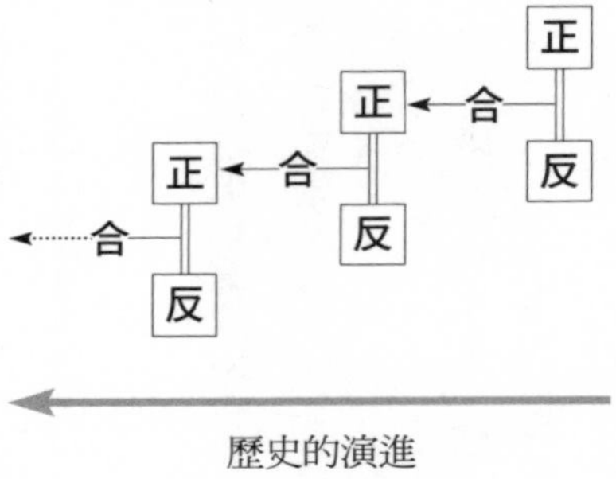

反＝否定＝反定立＝Antithese＝對自
合＝否定之否定＝綜合＝Synthese＝即且對自

此外，在說明辯證法時，經常提到「Aufheben」這個德文單字。原本意思是「保存」、「存取」、「存放」的常見單字。只是在闡釋辯證法被譯成了「止揚」或「揚棄」。

這看起來似乎有些難懂，但其實只是翻譯過來的字詞顯得詭異，真正意思只是：「不論是矛盾或否定性的要素，到了全體整合的階段，都會加以活用而非滅除。」

不過，辯證運動在任何事物上不會只進行一次後就結束。即使是整合矛盾產生新形態的事物，在全新階段上仍然蘊含著其他的矛盾，其狀態並不會永遠維持下去（表4）。

於是，又會展開另一波的辯證運動。這次的狀態孕育著下次的生成，宛如雪花結晶般一個一個接連下去。

◈德國觀念論——現實世界是如何成立的？

後世學者將黑格爾哲學等十九世紀各種觀念論哲學稱之為「德國觀念論（或德國唯心主義）」（German Idealism）。

我們經常會取笑憑觀念理想思考事情的人：「那只是你的觀念。」但哲學上的觀念論意思不同。

哲學上的觀念論思考的是：「現實世界是由某些非物質（主要是精神與觀

念）的存在而成立的。」

舉例來說，康德弟子費希特的觀念論哲學主張「創造現實的是自身的精神」。他認為人可隨時藉由自主的行動改變自身的命運，現實的狀況並非受到上帝的限制。

費希特與當時受到大文豪歌德（Johann Wolfgang von Goethe，一七四九－一八三二）賞識的謝林（Friedrich Wilhelm Joseph Schelling，一七七五－一八五四）同為觀念論的哲學家，謝林認為理性包含了一切。不論是相反、敵對或是矛盾，在理性之下都是絕對的同一性。

也就是說，宇宙中不存在理性以外的任何事物。所有一切都是同一的，稱為「同一哲學」（Identitas Philosophie）。謝林還提出了「世界靈魂」（Weltseele）的概念，引起了歌德的注意。

謝林是黑格爾在耶拿大學的摯友兼同事，黑格爾後來參考了康德、費希特、謝林的哲學理論再加入《新約聖經》的思想，建構了足以俯瞰世界歷史的宏大觀念論。

他推出的第一本著作即是《精神現象學》。

◈觀念自由奔放地展現

在這本最能代表黑格爾思想的大部頭書《精神現象學》裡，有個核心主角——那就是「精神」。而精神是怎麼現身在世界的歷史之中，正是本書撰寫的重點。

在現代，一般想像所謂的精神是「每個人內在的東西」。但黑格爾並非在這個意義上使用精神這個單字，而是「覆蓋整個世界的靈魂」之意。

黑格爾使用的精神是德文的「Geist」，可譯為「精神」或「靈魂」。而Geist的語源是非譬喻的氣息、呼吸之意，源於古代人認為人類因上帝注入氣息才有了生命的想法。

所以黑格爾在使用精神一詞時，也帶有宗教意味的成分在內。

它甚至包含了基督教上「靈」的意味，也就是「上帝的靈」。上帝的靈在基督教中，做為「聖靈」賜給了每個信奉祂的人。

黑格爾的《精神現象學》寫的就是涵括如此多重意義的「精神」，隨著不斷演進的辯證運動如何改變形態，出現在世界歷史上。

因此《精神現象學》或是《大邏輯》、《歷史哲學講演錄》等黑格爾的著作，我們可以視之為有狂熱宗教色彩的書籍，也可以譏笑這些書只不過是長篇大論的無稽之談，或是當作包裝在哲學外衣之下的空想物語。

黑格爾也提到了所謂的「世界精神」（Weltgeist），當然這也包含了靈的意義。同樣包含靈的意義在內的，還有「理性」這個字。

值得注意的是，黑格爾使用的「理性」和康德《純粹理性批判》裡使用的「理性」意義完全不同。簡而言之，黑格爾的「理性」是精神（靈）變化後的形態。

◈黑格爾哲學為什麼「看起來」很難？

由於黑格爾將精神、理性等哲學用語使用在與過去完全不同的意義上，因此關於「真理」在使用上也變得意義不同。他在《精神現象學》的序言裡明白寫道：

「關於真理的一切，重要在於，不是把真理理解和表述為實體，而是理解和表述為主體。」

接著又如此描述：

「生命體，才真正是主體，或換句話說，才真正是現實的存在。因為生命體會建立自身的運動，不斷地走出自身之外又回到自身。」

看到這樣的文章無法立刻理解並非我們頭腦不好，也不是知識或邏輯的理解力不足。

這是因為黑格爾總是運用他黑格爾式的獨特意涵來詮釋文章。好比他為辯證法這個用語添加了和過往完全不同的意義，擴大解釋它。同樣的，對於其他語言與術語，也採取了相同的做法。

此外，在敘述真理時，黑爾格總是以洞知一切的口吻。例如，關於真理是什麼？他這麼寫道：

「真理即是全體，但全體只能是本質發展完成的東西。關於絕對的事物，必須得說，那是從本質發展而來的結果，最終才得以顯現原本的樣貌。而正當在談論這個說法時，就已顯示了從絕對事物自行生成的現實主體。」

如同該文章表明的，當我們在談論著什麼的時候，先前提到的辯證運動的生成想法也在其話語背後強力流過。

從剛才讀到的文章可了解到，黑格爾無時無刻以充滿信心的口吻敘述這個以精神構成的世界如何生成與流動。從序言中隨意摘錄兩段，也出現了以下有點文藝腔的字句。

「精神與過往的日常世界及觀念世界告別，將其沉入過去的深淵，著手進行自身的改革。精神永不止息，無時無刻持續著前進運動。」

「精神的成長也緩慢安靜地成熟成新的形態。」

這並不是為了讓讀者容易理解，特地使用擬人或比喻的寫法。而是黑格爾真心認為，做為現實、活的精神正引導著這個世界。

那麼精神如何引導世界？只要了解黑格爾的第一部著作《精神現象學》梗概便可窺知一二。

◈「世界是由上帝運作支配的」

《精神現象學》的概念簡單整理如下。

世界的背後隱藏著「精神」。這個精神亦是支配世界的「理性」。這個世界精神在個人身上覺醒時，稱為「主觀精神」；再更上一層次，也就是在社會中覺醒時，則稱為「客觀精神」。

再往更高層次的階段，則是「絕對精神」。絕對精神表現在藝術、宗教、哲學上。

從左頁圖表可知，黑格爾大膽描繪出原本沉睡的精神逐漸覺醒的過程（表5）。最初是朦朧不清的，慢慢地精神顯現了幾近完整的樣貌。

然後在世界上各個時代，理性——亦即世界精神會以相應於該時代的形態出現。而世界精神的發展，正是歷史上的各個大事件，如革命、戰爭等。

《精神現象學》的目次也按照世界精神覺醒的順序排列，主要章節如下：「意識」、「自我意識」、「理性」、「精神」、「宗教」、「絕對知識」。

在宗教的章節中，黑格爾寫道，人將宗教看作自身以外的事物是不幸的。也就是說，即使上帝存在，認為「上帝存在於自身之外」的意識是錯誤的。

表5 ——世界精神覺醒的過程

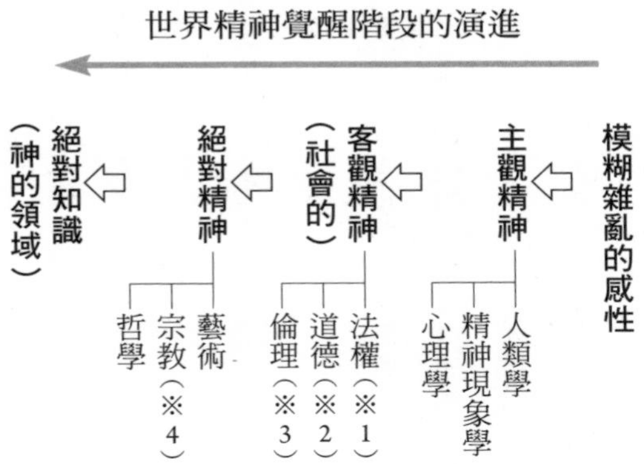

本圖表與黑格爾所著《哲學全書》中
「精神哲學」的目次項排列相同

※1 法權指的是法律根本的抽象原理，而非具體的法律。
以英文而言，相當於Right而非Law。
如不可做壞事，不可欺瞞等觀念，皆屬於這個法權的範圍。

※2 意指人內心永恆的理性法則。

※3 倫理意指共同體的秩序。
倫理做為客觀精神時，會以法規、法律、制度等形式呈現。
因此，國家可說是世界精神到社會層次覺醒時的具體表現。

※4 宗教設想是基督教。其他新興宗教並未考慮在內，
況且也沒有具備正當性（無法通過黑格爾哲學的檢驗）。

隨著錯誤程度增加，便會萌生痛苦，甚至產生「上帝已死」的想法。

為何上帝存在於自身之外的想法是錯誤的呢？因為黑格爾說，上帝也在自身之內，而非自身之外。也就是「這個世界上帝無所不在」的想法。

這樣的上帝，依據不同情況也被稱為「絕對精神」。在宗教論上，黑格爾清楚表示：

「上帝是絕對精神，亦即上帝是純粹本質。」

絕對精神即是上帝，這樣的思想可說是支撐整個黑格爾哲學的核心。

簡言之，黑格爾認為驅動世界的原動力正是上帝，並強調祂化為各種形式蘊藏在世界上。上帝最高層次顯現時，是絕對精神；在個人身上時，是一般精神、理性、事物的本質。黑格爾從這個觀點探討，建構他的哲學觀。

順帶一提，黑格爾認為每個人的道德心裡也潛藏著絕對精神。所持的理由簡單說明如下：

「每個人心裡都有道德世界觀。它以判斷善惡的良心形式呈現。道德世界觀是永恆的理性法則，任何人都能感覺被這樣的理性法則緊緊地捆綁住，同時也感覺自身的個性或性格並無法與此完全吻合一致。

「人為何會感受到這種不協調感？因為理性法則是比人類更高一層次的東西。理性法則與我們人類的存在有著部分隔閡，但卻是獨立、絕對性的本質。」

◈拿破崙也只是辯證法的工具之一

若不被黑格爾這些獨特的思想弄得暈頭轉向，清醒一下腦袋仔細想想，其實他的主張自始至終答案都是固定的。「上帝換言之為絕對精神，支配著所有的一切」，這個可預知的回答就是他的思想核心。

這種用一個根本原理說明解釋一切的態度，可稱之為一元論。

如果理解了前述的說明，那麼就不難理解黑格爾有句名言的意義：「凡現實的東西都是合乎理性的，凡合乎理性的東西都是現實的。」

「現實的東西」指的是在這世界做為現實存在的東西，即便混雜不純，也是絕對精神顯現的一部分。

既然是絕對精神的顯現，那麼必然是「合於理性的」。這裡說的「理性」不是情緒化、感性的相對意義，而是指含有絕對精神的合理性。

因此，既然存在於現實是可能的（原本在黑格爾的思想中，要存在於現實，除此之外別無他法），所以「合於理性的東西都是現實的」。

最初看來充滿神祕色彩的幾句話，意義明確之後，最終就會發現只是意義相同的字句不停反覆罷了。雖然用語不同，但內容其實同義反覆，一種換句話說。

「真理即是全體」這句名言也是相同的內容。全世界不管有多麼不純粹、罪惡的東西，終究還是含有絕對精神，因此便得以存在，也因此必定含有絕對精神的特徵——真理。

至此，黑格爾獨特的辯證法中，「Aufheben（揚棄）」的角色定位就非常清楚。換句話說，在對立事物之間的調停中進行捨棄非「合乎理性的」部分。然後逐漸地增加理性的純度，接近絕對精神。

最初僅是個人自我的意識發展，也是社會、歷史的發展。再擴大到現實的國家，而這正是理性組織化的結果。

接著再更加放大到整個世界史。世界的歷史就是一連串為了自身更臻完善，不斷地進行理性運動、精神辯證法的動能展現。

因此，該戰爭或革命時就掀起戰爭或革命。凡戰爭、革命、動蕩、社會變動，皆是理性、精神辯證法（亦即揚棄非理性部分走向純粹化的運動）運作的過程。

那麼革命或戰爭發生時有無數人遭到殺害，這意謂著什麼？

為了完成理性、精神發展演進所必要的犧牲者。甚至獲得勝利的英雄、國王們也都只是精神辯證發展中必要的棋子罷了。

總而言之，我們每個人都是絕對精神演進下的侍奉工具。世界的主角、擁有主宰世界力量的實體，最終只有「絕對精神」。

如此離奇古怪的想法，是黑格親眼目睹十八世紀末以來拿破崙樹立了軍事獨裁政權，之後又失勢敗陣下來所得到的啟發。人前是偉大英雄的拿破崙最終也只是歷史辯證法下的犧牲品。

一八〇六年秋天，黑格爾在給友人的信中寫道：「我看見拿破崙皇帝——這個精神世界騎馬出門巡視，看見這樣一個從馬上伸手觸及世界、統治世界的人，實在有種不可思議的感覺。」由此也可得知，黑格爾認為自己的思想已確實與現實相互印證無誤。

◈世界總是未完成——基督教神學與黑格爾哲學的思考

有人對於這樣的黑格爾思想無法理解、覺得晦澀難懂，卻也有人讀過一遍便輕易地掌握了要點。

其實只要理解《新約聖經》的內容，解讀黑格爾的思考絕非難事。因為黑格爾的想法與思想深深受到《新約聖經》以及基督教神學的影響。

黑格爾做為一個宗教人，信仰的是不被天主教羅馬教皇所承認的新教路德教派。他修習新教神學碩士學位，二十五歲時寫了一篇排除所有神祕性的《耶穌生平》小論文。他的異性關係混亂、毫無責任感到難以想像是基督教徒，但思想上確實深受基督教的影響。

而黑格爾的獨特想法與思想，正是從基督教神學產生的教義，將其特徵加工變形而成的。

明顯受到基督教神學影響的其中之一，是辯證法的「定立．反定立．綜合」這種圖解式的三步驟，黑格爾喜歡三段式（Triade）思考，於是借用了它。這相當於基督教神學教義的「三位一體說」。

三位一體說亦即聖父（上帝）、聖子（耶穌）與聖靈是一體的。三者是同一，也是上帝各自的形象。但是這樣的神學教義，用人類理性是無法理解的。只有信仰祂才能感受到。

黑格爾構思辯證法「定立．反定立．綜合」時完全如出一轍。看起來各不相同，實際上背後蘊藏著同樣的理性，在這個意義上三者是一體的。由此可知，「真理即是全體」的說法，也是從這樣的觀點延伸而來。

於是在黑格爾的思想中，便推論出「絕對精神即上帝，會因應每個時代狀況，潛藏在世界一切事物之中」。

如前所述，世界所有的事物每個都是絕對精神不純粹的、部分展現；而所有存在的事物既然都是絕對精神全體的部分，世界的「現在」才能有實在性。

每個人也是一樣，英雄、庶民各自發揮自己的功用，參與了絕對精神的運動。因為有這樣的貢獻人才活著。

這個想法是從《新約聖經》的「肢體論」而來。所謂肢體論是指上帝或國王做為頭，那些侍奉的人都各自帶有特殊意義的作用。

主要記載在〈哥林多前書〉（First Epistle to the Corinthians）裡。

「就如身子是一個，卻有許多肢體；而且肢體雖多，仍是一個身子。」

「身子原不是一個肢體，乃是許多肢體。」

「神隨自己的意思把肢體俱各安排在身上了。」

「你們就是基督的身子，並且各自作肢體。」

這就是黑格爾思想的原點。「真理最終是全體，存在於過去與今日歷史的所有一切，都為絕對精神的完成發揮了作用。」

就像這樣，黑格爾的思想很明顯帶有基督新教神學思想的成分，但也可解讀成「一切實在性的東西都是上帝的顯現」這類泛神論的思想。於是絕對精神為了完善它自己，透過辯證運動來推動世界。

所以在黑格爾的想法裡，世界還尚未達到完成，每個人做為肢體各自發揮功用，慢慢地世界將趨近於完成。

不過這部分的想法並非是基督教獨有的，而是源自猶太教。在猶太教的思想中，其根本即是神希冀的世界將藉由人類的協助完成。

◈以辯證法思考「經濟」的馬克思觀點

黑格爾的講課非常受到學生的歡迎，甚至影響到同樣在柏林大學授課的叔本華，以致沒人想聽他上課。

受到法國大革命的刺激，對現狀不滿、夢想改革的德國年輕人對於「如何觀看新世界」感到強烈的興趣。於是甚至在黑格爾有生之年，在知識分子與學生之間形成了黑格爾學派。

之後出版《資本論》（*Das Kapital*）的卡爾．馬克思（Karl Marx，一八一八－一八八三）也自稱黑格爾的弟子，但實際上馬克思進到柏林大學就讀時，黑格爾早已過世。

但那時候黑格爾哲學還十分盛行，後來黑格爾學派因為宗教哲學問題分裂成右、中、左三派。

所謂宗教哲學問題是，《聖經》到底是像民間傳說那般口耳相傳下來的，還是某段時間、某個地方的作者刻意創作的？

為何學生們要為這樣的問題爭論不休？主要還是他們忍不住想藉機批判當時的國家體制。

當時的普魯士王國與基督新教彼此關係緊密，批判教會的根基——《聖經》等於批判了國家基礎。

黑格爾在上課時，曾說：「普魯士王國正是世界精神以最高層次的形式顯現的頂點。」但學生們卻認為，普魯士只是一味地往壓制進步活動的方向前進。而黑格爾說：「國家是倫理理念現實的樣貌。」他們覺得這句話大錯特錯。

接著黑格爾左派成員之一麥克斯・施蒂納（Max Stirner，一八〇六－一八五六）在其著作中闡述，不僅是宗教，連道德、國家都是從人類自我中衍生出來的東西。他成為了與所有國家敵對的無政府主義的創始者。

再來是原本學習神學、在愛爾朗根大學擔任講師的路德維希・費爾巴哈（Ludwig Feuerbach，一八〇四－一八七二）徹底批判了宗教，轉而開始主張唯物論（認為觀念、精神及心等的根底都是物質，並傾向重視物質的思考）。

在那樣的時代風潮下，馬克思發覺費爾巴哈的唯物論尚未說明社會與歷史方面，為了使唯物論能首尾一致，他決定完成歷史唯物論。

首先他批判了黑格爾哲學，但應用了黑格爾哲學中的辯證法。例如，馬克思主張資本主義時代過去後，緊接著共產主義時代即將來臨，諸如此類的歷史辯證運動，如此一來，國家權力便將消失。

此外，還有「無產階級」（Proletariat，勞工）與「資產階級」（Bourgeoisie，資本家）的對比，也是借用了黑格爾將人放入關係中思考的觀點。

在歷史中的精神發展，經由馬克思的詮釋，成為了人類彼此關係的成熟過程。

讀馬克思的《資本論》等著作，能感覺到文章的煽動性更勝於哲學論述。對馬克思而言，哲學不該像黑格爾那樣抽象性、死氣沉沉的觀念論，而應該如《德意志意識形態》※1（*Die deutsche Ideologie*）那般清楚展現、能促進現實運動的實踐理論才是。

1 〔編注〕馬克思與恩格斯於一八四五年合著的作品。

CHAPTER 4

是什麼在推動人類和世界？

叔本華

Arthur Schopenhauer

想買幸福，一般的鈔票是買不到的。
那麼，買得到幸福的是什麼鈔票？
那就是心情開朗。

叔本華可能是因為外貌最容易招致誤解的人。
他也是世界上第一位思考與我們的人生密切相關的問題，
並將真相寫下的人。

亞瑟・叔本華
Arthur Schopenhauer, *1788–1860*

叔本華出生於但澤（現今波蘭的格但斯克）一個擁有龐大產業的貿易商家庭中。五歲時，但澤遭普魯士併吞，叔本華隨著痛恨失去自由的父親移居漢堡。

父親希望叔本華能像自己一樣成為貿易商，因此為他取名「Arthur」。理由是這名字的拼音不論到哪個歐洲國家發音都相同。此外，為了學好語言，還讓兒子旅居英國及法國。

自從有憂鬱症狀的父親自殺去世後，母親將遺產的部分交給叔本華，隨即和女兒一同移居威瑪，並加入歌德也常去的文藝沙龍，與年輕男人同居，之後成為一名大眾小說家。

叔本華和母親的關係處得非常不好。對於這個成天鬱鬱寡歡，將人類的悲劇掛在嘴邊、才二十歲出頭的兒子，母親顯得十分疏離。她甚至曾對兒子說過這樣的話：

「對你而言，外面租的房子才是你家，到我家，你是客人。」

不過，年輕的叔本華不放棄探究人的悲劇、人生苦痛之謎。他進入大學的醫學部就讀，接著興趣轉到了哲學，甚至認真學習起生物學、天文學。

他在語言上也十分有天分，除了必修的拉丁文、希臘文外，英文、法文、義大利文、西班牙文等不僅聽得懂，還能像母語般流利書寫。

受到歌德賞識的叔本華後來決定走上哲學之路，是因為二十五歲時讀了拉丁文版的《奧義書》（*Upanishad*）。這類古印度哲學提倡的「無的境界」使他獲得了不少啟發。二十六歲的叔本華為闡述自己的哲學觀，開始撰寫《作為意志與表象的世界》，於三十歲時出版。

當時叔本華自以為完成了一項偉大的事業，將會變得有名，可惜出版後無人問津。加上對將來莫名的不安，雖然成為了柏林大學的講師，但聽講的學生卻寥寥無幾。另一方面，學生卻將叔本華所唾棄的黑格爾的課堂擠得水瀉不通。

由於流行病霍亂的蔓延，叔本華四十三歲時決定捨棄在柏林的生活，移居法蘭克福，一方面也因為那裡住著不少英國人。從此叔本華終生未離開法蘭克福。

他平常幾乎過著隱居的生活，在旁人眼中或許是行為怪異的怪人，但其實他是在寧靜的環境中埋首書堆，撰寫大量論文，細心反覆琢磨著《作為意志與表象的世界》的內容。

在工作之餘，為了轉換心情偶爾吹吹長笛，一個人自言自語，帶著狗出門快走散步，最後總會在一間英國餐館用餐後才回家。

叔本華將西班牙哲人巴爾塔沙．葛拉西安（Baltasar Gracián）的著作翻譯成德文，並從中獲取成功經驗；在六十三歲時，為了讓每個人都能理解，將《作為意志與表象的世界》的內容做了更詳細的注解說明，再加上其他關於人生論的文章，出版了《附錄與補遺》（*Parerga und Paralipomena*）。

從此聲名大噪，傳遍德國境內。

七十二歲那年的九月，叔本華吃完女僕準備的早餐後，便在沙發上坐下。主治醫生來訪看診，看到叔本華一動也不動、安靜地坐在沙發上，隨後才發現他已死亡多時。

屋子裡，他養的貴賓狗還躺臥一旁睡覺。這隻褐色的小狗名字叫「Atman」（梵文的自我、靈魂之意）。

雖然叔本華住在柏林時曾和歌劇女伶談過一段感情，但他終身未娶，晚年之前作品也銷售不佳，甚至被世人稱為悲觀主義者或怪人，搬到法蘭克福後也不再旅行……如此孤獨的老人或許令人有種陰沉鬱悶之感。

然而，事實上正好相反。曾在英國餐館見過叔本華本人的卡雷爾伯爵（Louis-Alexandre Foucher de Careil）對於七十一歲的他充滿活力的形象有以下描述：

「他那靈活的藍眼睛、露出刻薄淺笑的嘴角、左右兩側白色鬈髮妝點著那碩大額頭，從中閃爍著才氣與惡意的風貌，流露出貴族風格與高貴氣質。他的衣服、蕾絲領口飾品、白絲巾，令人聯想起路德維希時代末期的老者。禮儀舉止有如上流社會的士紳。他那生動的手勢動作在談話時，顯得格外激昂……說話充滿氣勢、簡潔幽默機智，經常引經據典，而且敘述鉅細靡遺，令聽者一下子忘了時間。」

主要著作

《作為意志與表象的世界》、《附錄與補遺》。

精通所有領域的哲學家所發現的「人間真理」

◈人的認識是有極限的——從康德哲學出發

叔本華的哲學從哲學史來看，正好介於康德（一七二四－一八〇四）哲學與尼采（一八四四－一九〇〇）哲學之間。

叔本華的想法除了深深影響了尼采的思考觀點，精神分析學家佛洛伊德（Sigmund Freud，一八五六－一九三九）也以叔本華、尼采哲學以及希臘神話為基礎，發展他特獨的心理學。

叔本華的主要著作是世界知名的《作為意志與表象的世界》，其中推論展開的哲學思考開端源自於康德哲學的刺激。

康德哲學的主題如同《純粹理性批判》裡所展現的，強調「人的認識能力有其極限」。以下簡單說明康德哲學的要點。

康德哲學的要點

人類深信自己是透過眼睛來看、來體驗這個世界，然而看到的並非真正世界本身。人只是透過眼、耳、手等器官所感知到的事物，來認識世界。換言之，人不是直接看到這個世界，而是利用人擁有的器官、認知形式來盡可能掌握一切事物，並將之視為世界。

例如高度、寬度、長度、持續性、數字等，這些都是人類特有的認知形式。少了這些形式，人將無法認識外界的事物。此外，判斷事物的前後關係、時間、同一性及因果關係，也是人類的認知形式發揮的作用。而所有認知形式能掌握的事物總體，就是人類以為的世界真實的樣貌。

然而世界的組成並非只有人類覺知或認識到的事物。因此真實的「物自體」世界人類是看不見的。通過人類的認識條件所能看到的世界，只是現象（表象）的世界。

康德哲學帶給叔本華刺激與想法，他在三十歲完成了《作為意志與表象的世界》。在該書開頭，他踏襲著康德哲學如此寫道：

「『世界是我的表象』。這是一個對於任何活著的、進行認識行為的生物都適用的真理……在哲學思考萌芽的破曉時刻，人類會清楚確切地明白，我們根本不認識太陽也不認識大地，人類所認識的永遠只是眼睛，看見太陽的眼睛；永遠只是手，觸碰大地的手，圍繞著人類的這個世界只是做為表象而存在。也就是說，世界完全只存在於世界對於其他事物、對於人自身產生的表象關係上。」

這是叔本華依照自己的想法約略整理的康德哲學。從這部分文字也可看出，叔本華的文章遠比康德來得簡單易懂。

文中充滿著比喻與實例，即使現代讀者也能容易理解。相對的，頁數自然增加了許多。

康德認為，人無法精準認識世界本身真正的樣貌。人只能透過與生俱有的認識裝置，在其判斷範圍內認識事物。而該認識裝置康德稱之為「理性」。

因此，當與康德同時代的史威登堡宣稱自己看到了靈界，並詳細描述了靈界的狀態，獲得當時婦女們的熱烈迴響時，康德斷言那是虛構杜撰的。倘若史威登堡依舊堅持能看得到靈界，那麼表示他擁有比人類更高等級的認置裝置，也就是說他不是人類。

不過，康德只說「人類的認識能力明顯有其極限」，並沒有直接談到是否真有靈界或另一個世界，但這同時也是「那個神祕世界或許存在」康德式的隱晦表現。

叔本華則想進到最深奧之處，窮究世界。也就是他想揭開這世界的本質，是什麼樣的本質在推動著世界和人類。

最後，他主張世界的本質其實是「意志」（Wille）。

而由「意志」所催動的欲望，讓人類陷入了苦惱。

◈欲望永無止境

叔本華的主要著作《作為意志與表象的世界》簡單整理如下：

推動這世界一切的根本是「意志」。「意志」是一種盲目的力量，也是所有事物的本質。

「意志」首先做為理念顯現，接著再化為每種個別的現象。不管是自然還是人類都是做為個別現象的「意志」。人的思想、行動最終只是「意志」的展現。

這種「意志」的本質是一種無時無刻、永無止境的追求力量，因此只要活著，總會伴隨著匱乏感，人生充滿了苦惱。

要從苦惱中獲得救贖的方法，唯有藝術與音樂。然而，藝術與音樂也只是一時的慰藉。若要從「意志」永不滿足的欲望之力中完全解脫，只能從根本上否定「意志」。要否定生的意志，便要達到東方所倡導的「無」的境界。

不過，從這個概要還是留下了幾個難以理解的論點。

例如，為什麼世界的根本是「意志」？「意志」的展現與人類的苦惱之間，具體而言有著什麼樣的關係？

為什麼遠離苦惱，只要有藝術與音樂就能獲得短暫的救贖？還有，為什麼達到佛教中「無」的境界就可得到永恆的救贖？

要理解這些問題，關鍵全在於叔本華所思考的「意志」。《作為意志與表象的世界》闡述的，其實是與「意志」之間的抗爭，以及從「意志」中解脫與否定的哲學。

◈叔本華的「原因與結果的法則」

一般而言，我們認為是靠自身意志來移動身體的。也就是說，「意志是原因」而「行動是結果」，對此我們大多沒有任何疑問。不過，叔本華卻覺得不管是意志或行動其實是一樣的概念。

順帶一提，現代人的我們會認為意志與行動完全不同，源自於西元一世紀使徒保羅將心與身體清楚劃分說明罪的思考方式，也就是受到基督教文化的影響。但承襲康德哲學的叔本華並沒有被這種想法禁錮住。

對他而言，心與身體並不是分開的。因此對於「世界是怎麼回事」的認識，並不是依賴那連存在何處都不明確的「精神」來判別。

「這種認識是做為表象的整個世界以之為前提的支柱，並以身體為媒介而獲得的。」

濃縮了叔本華哲學核心思想的《作為意志與表象的世界》，在第二篇第十八節中出現了這段文字。接著文章又這麼寫：

「我們能看見這個世界的狀況是依據認識而來的。然而，這種認識是以眼、耳、鼻、感觸、大腦、其他諸多物質、身體本身做為中介者才得以成立。」

亦即，認識是從身體接受到的刺激而出發的。反過來說，沒有身體，認識也無法存在。認識不是超越身體的怪物。

不過，這個被稱為身體的，其實也是認識所掌握到的表象之一。只是身體不僅僅只是一種表象。

身體雖然是認識掌握到的世界上眾多客體之一，但它不像其他事物一般可以離開自己獨立存在。

身體是認識的媒介，同時也是認識自身。身體是世界上的眾表象之一，同時也是做為任何人都能直接感知到的事物而存在著。

可是自己這個獨一無二的身體，我們並不全然認識。此外，身體雖然屬於自己的，但卻不會完全按照我們的意圖或意志活動。

例如，即使我們想要八秒內跑完一百公尺，但身體卻不聽使喚。當然，分布在內臟裡的不隨意肌等也無法用意志控制。

那麼，到底是什麼控制著人的身體呢？叔本華沒來由地突然寫道：

「……謎底早已給出。它的名字叫做意志。這個名字，也唯有這，給了人理解自身現象的鑰匙，明確了它的意義，也揭示了人的本質、行為、運動內在的運作。」

此處所言的「意志」，與我們日常生活中使用的意志意思截然不同。

當我們平常使用意志一詞時，大抵指的是個人意志，具體而言像「想要做什麼的一種意願或行動宣言」、「自己十分積極思考關於某件事」、「一種企圖或意圖」、「面對目標的態度」等意義十分廣泛。

但叔本華哲學中使用的「意志」（Wille）蘊含著原初的力量、本能的生命力，以及激昂強烈的生產指向性。那是獨立於我們的意識之外，一種如深沉生命力的力量。

叔本華主張，就是這種普遍存在的「意志」在背地裡推動著人類的身體。身體在動作的時候，並不是我們讓它動的，而是「意志」在控制著身體。

但是，我們只能看到也只能感覺到身體是聽從自己的意志在活動。因為自己所認識的「自己的身體」，是「意志」藉由人類的認識裝置客體化顯現出來的。那是現象的面貌。

換言之，我們知道的身體是根據認識所加工的身體，並非原本真正的身體。亦即人只能像觀看世界上客體化的事物般，看到自己的身體。

◈超越科學力量的「直觀式想法」

叔本華說，即便科學能解釋世界的現象變化、順序或是結構，也無法窮究產生這些現象的核心因素，畢竟使用科學的方法看見的只有表象。這與我們認識自己的身體有其界限的原因是一樣的。

關於「意志」與身體的關係，叔本華有以下說明。

「意志真正的活動，不管如何都會立即、也必然反應到身體的運動。若不能同時覺知意志活動是以身體運動表現出來的，也就表示人無法感受到意志活動而有欲望……身體的運動只是意志客體化的活動，亦即意志進入了直觀中的運作……整個身體都是客體化的意志，也就是成為表象的意志。」

康德在《純粹理性批判》中表示，「人無法以理性感知事物真正的本體（物自體）」；叔本華則斷言這個所謂「事物真正的本體」就是「意志」。

而且不是根據層層推論導出「意志」的結論，僅僅在《作為意志與表象的世界》第二篇第十八節中，突然寫道「謎底早已給出。它的名字叫做意志」這幾行字。這是叔本華非常直觀的想法，而這樣突然給出定論的思維模式在哲學書中極為少見。

◈「促使人行動」的終極方法是？

叔本華設想是「意志」產生的欲望從根本推動著人類行動。這幾乎完全顛覆過去一般認為人因著某種理由或動機而採取行動的想法。

換句話說，是由於想做某件事，人會找出與之相符的理由與動機，而不是因為有了理由或動機才付諸行動。

舉個不合時宜的例子，有個男人想和某名特定的女性交往，並非被對方的身材容貌或個性溫柔所吸引，而是交配、傳宗接代的這種原始「意志」欲望在背後推動著，因而試圖找出對方的優點再加以行動。因此，戀愛與結婚其實是根源的「意志」引發的性衝動，最後付諸行動的行為。

因此，推動人類行為的，不是知性的邏輯思考。若要促使人有所行動，只要訴諸欲望與利害關係，自然就動了起來。

政治讓民眾實際動起來，並非感佩其政治理念，而是提出的政策關係到民眾大多數的利益與利害關係所致。

動物會依照「意志」的欲求直接展開行動。相對於此，人在「意志」的意向與「行動」之間設了一個緩衝。那個緩衝便是「知性」。

知性用理由、動機、邏輯、學問等將緩衝地帶塞得滿滿的，試圖找出各種冠冕堂皇的理由來遮掩欲望。因此，叔本華稱人類為「形上學的動物」。

◈快感與快樂從何處來？

人感受到痛苦或快感，可從是否符合「意志」需求的觀點來說明。當符合「意志」的欲求時，就會產生快感或感到快樂，違抗「意志」時就會感到痛苦。例如，性愛是符合「意志」的，所以產生快感。敗戰有違「意志」的支配欲，因此萌生屈辱與痛苦。

大致而言，「意志」操控著人的行為。然而，「意志」並非事先擬定了精密的計畫再依計畫行事。

「意志」是盲目的、非理性的、非合理性的，全都是盲目的支配欲、盲目的生命力與盲目的活動力。其中力量最強大的是繁衍的「意志」。

叔本華將這樣的「意志」形容成「一肩扛著眼睛看得見但雙腳麻痺的人，走起路來步伐強勁的盲人」。眼睛看得見但雙腳麻痺的人指的是人類。在現實中，實際推動搬運人類的是「意志」。

不僅是行動，動物以及人類的身體結構也都為符合「意志」的特性，叔本華如此說明：

「身體的各部分……必須與意志的自我證明所產生的各主要欲望完全契合，身體的各部分也必須展現出意志具體可見的表現。亦即，牙齒、喉嚨、食道便是客體化的飢餓；生殖器是客體化的性欲。至於抓東西的手、跑得快的腳——手腳表示努力——所對應的是意志較間接的需求。如同人的一般體型對應著一般意志，每個個別的身體（體型），也對應個別形成的意志，亦即每個人的個性。個人的身體（體型）無論從全體來看，還是部分來看都各有特色、富有表現力。」

如此這般，人的全身都是「意志」的具體化表現。每個人的個性也是遵照著「意志」向量形塑成的。

◈自殺也沒救

倘若「意志」深深影響了人類的行為及形體，我們不由得要產生疑問，那麼意圖戕害自己的行為，也就是自殺，是否是對「意志」徹底的反抗呢？

然而自殺者總一廂情願地認為，死是包含自己在內的一切消滅，這只是人類既有認知的一個錯誤。事實上，決意殺死自己並使之付諸實行的，還是「意志」。

人是因為「意志」之力，而不是靠自己的力量自殺的。

意志充滿了盲目的生存力以及繁殖欲，竟然讓做為「意志」具體展現者的人類走向死亡，看來完全不合邏輯。然而，「意志」的欲望，或者是「意志」的生存力甚至連死亡都可吞噬。

也就是說，一個人的死並不代表全人類的死。這樣的死亡，就像從烏雲密布的天空滴下一滴雨水，僅此而已。而滴落的雨水又會再生成雲。

一個人的死是為了無數的新生。因此，即使是自殺也只是生存意志無限擴張、循環的一部分罷了。「意志」考慮的永遠都是整體，因此對個別現象顯得殘酷無情。

對「意志」而言，期望自殺者並不是否定「意志」之力的人。因為想死的人，其實是真正想活的人。只是不滿於現狀，而獨自任性苦惱著。

但是從「意志」的角度看來，想自殺的人其實在阻礙自我生存及繁衍的「意志」活動。所以「意志」決定除掉對「意志」的活動沒有助益的人，來讓事情告一段落。於是自殺便付諸實行。

意志「並不在意個別現象。本質自身恆常不變，不與一切生滅相涉，而是萬有生命中內在之物。」（第四篇第六十九節）

因此，即使自殺也絲毫無法與「意志」對抗，所以「自殺是徒勞愚蠢的」。

叔本華曾寫過一篇《論自殺》的小論文，乍看之下容易貿然以為他鼓勵自殺行為，但其實他是不折不扣的反自殺論者。

不僅是自殺，人類彼此互相殘殺的戰爭也都是受「意志」所擺布。「意志」之力的顯現不僅在人與動物身上看得到，在植物以及自然的無生物上也看得見。像人這般擁有知性的存在，「意志」的活動被巧妙地隱藏起來，但像植物這種沒有知性的存在，「意志」的活動便直接顯露其上。

不論在物理現象或是化學現象上，「意志」會如實顯現。只是科學家始終未曾察覺，只是一味地觀察表面可見的規則變化。

換言之，世上所有一切事物最內部的核心，即是「意志」；康德在《純粹理性批判》中提到「人無法認知事物的真正本體」，叔本華斷言其真面目除了「意志」不作他想。

◈讓人更加不安的「意志」

「意志」追求無窮無盡的欲望。基於此，人的欲望也永無止境。想要的東西到手後並不因此滿足，擁有後永遠都會萌生下個欲望。由於一直處在渴求無法滿足的狀態，當然就會陷入苦惱。

「意志」在我們每個人身體會以「我欲」的形式顯現，個人的我欲彼此衝撞，使得這個世界變得充滿鬥爭與苦惱。彼此爭奪物質、空間、時間，鬥爭無止無休，苦惱不斷叢生。即便獲得快樂、休息或安寧，那也只是苦惱夾縫間的曇花一現，暫停苦惱片刻罷了。

有人認為，因意志造成有如無底黑洞般的強大欲望沒什麼好怕的，死亡還比較可怕。只能說若這樣想就錯了。人實際上並沒有那麼畏懼死亡，因為「死亡的真實因著某些時機偶爾會清楚浮現腦海，也只有這一刻會讓人感到不安」。

人會「從最深層的意識中產生安心感，並優先做為平時維持的狀態」。因為那是「意志」隨時活在當下的衝動所致。

「意志」沒有過去與未來的時間，只有現在。只活在當下。

因此，人自然地只能認為現在才是現實，死亡只是做為抽象事物偶然浮現，並不會真正威脅到自己。因為在自身內部，「意志」正不斷蠢動著，此刻人不會意識到死亡與自己有關。

被「意志」操控的人，為了追求更豐富的生存，也會與他人交手，進而欺騙、搶奪、掠殺。

但是其他人也是被「意志」操控。做為一個個體雖然是他人、但內部是同樣的「意志」。所以人做壞事時，會懷抱著一種模糊難以言喻的情感。那就是「良心的譴責」。

例如我傷害對方，等於自己的「意志」去侵犯對方的生存「意志」。「意志」無時無刻在尋求生存，然而我卻以不當的手段去阻礙對方的生存。因此良心譴責油然而生。

人會自然感覺做某某事不對，或是平時對生存的無限留戀，皆是因為我們內心中有個根深蒂固的生存「意志」。

叔本華認為人所犯下的非義(非正義的)行為,最壞的是人食人(Kannibalismus),其次是殺人,再接下來則是傷害、竊盜、謊騙等。

「任何謊騙與所有暴力行為一樣,本身是非義的。因為謊騙其自身目的和暴力相同,在於將我的意志支配權擴及到其他個體,藉由否定別人的意志來肯定我的意志。」(第四篇第六十二節)

所謂正義,就是沒有非義之事,這是屬於消極的概念。此外,正義與非義並非單純是社會上的約定俗成,而是內部意志促使人引發的一種自然本性。因此古今中外會有自然法,皆緣於此。

非義與正義的界線相似於「溫度計上的冰點」。「也就是達到那臨界點,自己的意志肯定成為他人的意志否定。」「這個定點就是將意志的激烈程度以非義行為做為媒介明示的點。」

國家制度的法律是在自然法完備的基礎上完成的。因此，國家的法典可說是將可能發生的各種犯罪，亦即從激烈「意志」產生的非義行為的總目錄。

即便如此，國家不能強制給予人正義，只能採取消極的態度，「在發生這些不義行為時，給予某種程度的懲罰」。

◈善良、高尚活著的唯一方法

那麼如我們所見，「意志」之力如此強大，人永遠都得被這力量左右命運嗎？

叔本華對此擔憂提出了幾種對策。那同時也是掙脫強烈「意志」欲望束縛的手段。

第一步，我們每個人不要被「摩耶的面紗」（the veil of Maya）所惑。

所謂摩耶的面紗，即古印度聖典《吠陀經》中經常反覆提到的「欺瞞的面紗」。人是隔著一層紗觀看世界的，所見所聞都是如夢似真的虛妄、幻影罷了。所以世界只是變幻莫測的表象。

人如果只能看到表象，並認為那就是世界，那麼將遭到「意志」持續蹂躪，陷入鬥爭、苦悶與悲傷之中，並只能享受微薄的快樂。

這樣的人「以為肉欲與懊惱是截然不同的」、「惡行與受害看來也是個別不同的」。然而，只要能識清「不論是害或惡，都只是生存意志的同一現象的不同兩面罷了」，就能摘除虛幻的面紗。

如此一來，我們便不會以利害關係來衡量、判斷一切事物，「從事物的本質來看，任何人都有堅定想生存下去的意志，換句話說，只要盡全力追求生存，世界上所有的苦惱也就等同於自身的苦惱」。

這時身心才第一次體會到「加諸痛苦的人與承受痛苦的人，其實是一樣的」，也總算理解什麼是善，什麼是德。

這樣突破性、大幅躍進的認識觀，也象徵性地體現在誦念《吠陀經》的儀式之中。這個儀式是「接下來不論生物或無生物，世間所有的一切存在都將依序搬運通過領受奧義的人眼前，並一一對其念誦」固定的一句話。那句話就是「汝即是它」（Tat tvam asi）。

這段描述表現了自己與他人是完全一樣的，不僅如此，自己與世界上所有事物都是「同一的」；這句話表現了認識的頓悟※1。

若無法達到這樣的認識，將永遠認為自己和他人不同，於是「意志」拚命地活動，因私利招致鬥爭與苦惱排山倒海而來。那痛苦，如同大家都知道惡人

1 頓悟「自他不二」時的感動，經常可見於禪修語錄當中。例如，道元禪師（一二〇〇－一二五三，日本曹洞宗始祖）很有名的一句話「身心脫落」，指的就是自己與世界合而為一，放下自我中心的狀態。因而稱為「解脫」，不過這樣的狀態有各種形容說法，也有人稱之為「無」。叔本華在主要著作《作為意志與表象的世界》中，最後一行也寫道：「對於那些否定意志、終於逆轉意志的人而言，我們這個看來如此真實的世界，包括所有的太陽、銀河在內，其實也就是——無。」

的面孔般，清楚地刻劃在臉上。

但若是有了自他同一的認識，他人的痛苦就如同自己的痛苦，「心裡真正的良善、無私無欲的德行、純粹的高尚」將逐漸產生。

這樣的認識不是講道理或論證就能傳達的。只有每個個人親身去了解體會，這份認識才能變成自己的一部分。

換言之，要減少從「意志」中產生的鬥爭與苦惱，要達到這樣的認識無法靠言語，而是要「專心在人的行為、行動，以及每個人的人生歷程」中獲得體會。

◈什麼是「愛」？什麼是「救贖」？

對自我獲得全新認識的人而言，愛不再是由「意志」生成的留戀或性欲。愛是變成了「共苦」。

「能推動善意、愛心、高潔去行善愛人，永遠都是對於他人痛苦的認識。

而這種痛苦能從自己的痛苦中直接體會得到，也就是將他人的痛苦視為自己的痛苦。因此，純粹的愛（Agape、Caritas）按其本性來說就是同情（Mitleiden）※2。」（六十七節）

「一切真實純粹的愛都是同情，任何不是同情的愛都是自私的愛（我欲、利己心）。」

人心中若充滿了真實的愛，「犧牲自己能挽救多數人，那麼也就做好了隨時犧牲自己生命的準備」。同時「把一切有生之物無窮的苦惱都當作自身的苦惱，也必然將全世界的苦痛都化為自身所有」。

「人便達到了自發性的斷、捨離、真正心靈沉靜，達到完全無意志的狀態。」

2〔譯注〕原文Mitleiden大多譯為同情，字面意義來看是「共苦」之意。mit是「共同、一起」的意思，leiden是「痛苦、煩惱」之意。或可譯為「慈悲」。

將「意志」化為無的態度，不論在任何宗教上，在印度聖者、基督教聖者、或藏傳佛教聖者之間都是共通的。雖然因應每個宗教教義的不同，說明的文字或形容也有所不同，但他們全都在抵抗或瓦解自私自利、掙扎地活著的「意志」

因此，耶穌說：「財主進天國比駱駝穿過針孔還難。」這句話的意思是「『意志』帶著滿滿的我欲，是無法進入純粹愛的國度的。」

為了將那些努力瓦解「意志」的人的行為做為每個人生存上的參考，叔本華在書中列舉了許多宗教聖者的事蹟。

當然也包括基督教福音書裡寫到的教誨：「就當捨己，背起他的十字架」，正是與否定「意志」同樣的意思。這時候捨己的「己」就是被「意志」充滿的自我。

此外，叔本華說在文學上也可見到否定「意志」的人物角色。他例舉了歌德的《浮士德》（*Faust*）。雖然《浮士德》中的出場人物並非聖者，但他因為經驗了人生最大的苦痛與苦惱，做出了改變，達到了「意志」的否定。

這也是一般人可能發生的事。

因為難以忍耐的痛苦以及陷入絕望的深淵，突然「回歸自省，認識自己與世界，革新自身整體存在」。這是因苦惱最後被淨化的狀態。

於是，「剛才受到最大刺激的一切事物，自己進一步將其斷念，歡喜接受死亡。正如同從受到淨化的苦惱火焰中突然出現解脫的閃光，生存意志之否定的閃光」。

所以人生的苦痛不一定不好，照這麼看來反而是需要的。

因為「所有苦惱都尋求著禁欲與斷念，因此才具有將人神聖化的可能性」。

於是當「意志」之否定被觸發時，等於站在解脫與救贖的入口。然後真純之愛的善行才會開始，最後獲得完全的救贖。

許多人認為叔本華哲學充滿了厭世思想及虛無主義（Nihilism），但那是只選擇性讀了《作為意志與表象的世界》前半的人不負責任的詮釋。只要讀到最後，必能清楚感知有一道清明潔淨的光線射向了自己。

至今任何人都難以理解的宗教書最重要的核心，在那裡頭清楚明瞭地解析了一切。

CHAPTER 5

什麼是理想的人類形象？

尼采

Friedrich Wilhelm Nietzsche

「活得堅強」的哲學
白取春彥

與巨大的苦惱奮戰吧！
那樣巨大的苦惱終將鍛鍊成就我們。
賦予我們新的視野，
教導我們全新的生活態度。

尼采在去世之前將近三十年的時間，
身心經常處於不穩定的狀況。
但再也沒有任何思想家像他這樣留下了這麼多激昂的話語。
他愛挑戰，然後失敗、被誤解，即使如此，
仍不斷地迎接挑戰直到走完最後的人生。

弗里德里希·威廉·尼采
Friedrich Wilhelm Nietzsche, *1844-1900*

尼采出生於普魯士王國（之後的德國）呂肯村裡的牧師家中。從小熟背《聖經》，十歲開始作曲顯露音樂才能。

之後醉心於知名歌劇作曲家華格納（Richard Wagner，一八一三－一八八三）的音樂，二十五歲以後終於有機會認識了華格納與其夫人。至於糾纏他一輩子的頭痛，則從十二歲時就發作了。

尼采先後在波昂大學、萊比錫大學攻讀古典語文學，二十一歲時在偶然的機會下讀了叔本華《作為意志與表象的世界》深受感動，成為日後尼采思想的基石。二十四歲時，獲邀至瑞士巴塞爾大學擔任兼任教授，二十六歲成為專任教授，前途一片光明。

然而，後來尼采撰寫了一本思考觀點獨特的《悲劇的誕生》（*Die Geburt der Tragödie aus dem Geiste der Musik*），被旁人質疑他拋棄了古典語文學，加上三十二歲左右起，健康狀況明顯惡化，於是三十五歲時便辭去了大學教職。

往後的生活全靠年金支撐著，一直到四十五歲在義大利杜林街上發狂被送進精神病院之前，為了療養身體，開始過著冬天在義大利、夏天在瑞士的生活。其間撰寫了大量的作品。

尼采並不是在度假勝地的旅館裡優雅地生活，而是一次租半年的房子過活。在瑞士，他喜歡待在窗戶面山偏暗的房間裡。早上坐在書桌前寫作，中午到附近餐館用餐，然後四處走走散步。晚上仍繼續寫作或讀書。若身體實在過於疼痛，便吸鴉片緩和疼痛。

但是，尼采並不是那種關在陰暗房間裡推敲思索的人，反而在那樣的空間中所萌生的想法完全不足為信。他得到靈感總是在戶外的時候，並且趁未忘記之前會隨手拿張紙片記錄下來。

儘管持續撰寫文章，但到成書發行總是耗時許久。因為出版社知道一定滯銷，總是意興闌珊。不過尼采仍然不放棄寫作。他在《人性，太人性的》（*Menschliches, Allzumenschliches*）一書中，提到關於寫作：

「我不是為了要教人什麼而寫書……寫書本身就是透過某些事來徹底克服自我的一種證明。超越過往的自我，做為人重新蛻變的證明。

「而那絕非個人的自我滿足，而是藉由做為人超越克服自我的示範，能激勵他人，同時希望對讀者現在的人生有綿薄的助益，也是一種奉獻的行為。」

居無定所不停旅行的生活，尼采稱為「漂泊」。但指的不是自己的居所經常變動、漫無目的地漂流，他認為這是自我形成、自我改變，進而達到更高層次的過程。

如同尼采的名言「不脫皮的蛇終將死亡」所展現的，他始終以此為目標，不斷地在更新活化自己。這是從叔本華認為「人生終究是變動不安定」的教誨中得到的啟發，尼采給出了自己的詮釋。變動的、不安於現狀，隨時蛻變出新的自己，對此，他親身實踐於生活中。

尼采在杜林市中心的卡里尼亞諾宮（Palazzo Carignano）旁的建築租借了一室。他經常突然興高采烈地唱起歌來，引起房東及附近的居民側目，認為他是個怪人。有天在杜林街上，尼采無預警地上前抱住馬的脖子摔倒後，被送進了精神病院。

尼采在杜林發瘋摔倒的情況，相關書籍的記載各有差異。其中伊沃・弗倫策爾（Ivo Frenzel）的人物傳記《尼采傳》（*Friedrich Nietzsche*）如此描寫：

「那是一月三日發生在杜林卡洛阿爾貝托廣場的事。尼采走出租屋處，看到一名馬車夫正在狠狠鞭打馬匹。尼采淚流滿面，憐憫並跑上前緊抱住馬首，接著全身癱軟坐在地上。」

另有更早之前的說法是「尼采因梅毒侵入頭部而發狂」。原因是保存在耶拿大學醫院精神科的病歷表顯示，尼采在二十二歲時感染了梅毒。

著名哲學家也是精神科醫生的卡爾．雅斯佩斯（Karl Jaspers，一八八三－一九六九）記載：「……這種病看起來只是精神病突然發作……恐怕是與漸進性腦膜炎有關。」

腦膜炎因毒物或生物性感染所引致，因此梅毒的可能性很大。或許是年輕時被其他人傳染，也或許是二十六歲在普法戰爭擔任醫護兵時染上的，誰也不知道。

但如果是感染梅毒而發瘋的，那就奇怪了。若是梅毒，從狂症發作最長三年半以內就會死亡。然而，尼采卻活了約有十年之久。所以梅毒說在醫學上有矛盾之處。

此外，當時大多數人覺得發瘋很淒慘可憐。但那是否是，所謂的正常與異常相較之下，認定異常是一種不幸的偏見？發瘋的價值判斷理當只有本人才能論定。

或許，尼采從最初開始就個瘋子。但即便是，他也不是那種使心眼讓人窘迫，或引起戰爭的那種瘋子。

主要著作

《悲劇的誕生》、《人性，太人性的》、《查拉圖斯特拉如是說》（*Also sprach Zarathustra*）、《善惡的彼岸》（*Jenseits von Gut und Böse*）、《生成的無辜》（*Die Unschuld des Werdens*）、《道德譜系學》（*Zur Genealogie der Moral*）、《快樂的科學》（*Die fröhliche Wissenschaft*）、《不合時宜的考察》（*Unzeitgemässe Betrachtungen*）等多種著作。

詩人哲學家尼采的挑戰

◈永遠充滿人性人味的尼采哲學

尼采的哲學思想總是讓人心緒動搖。讓人焦躁、猜疑、不安，或受到鼓舞、令人驚奇。不僅是邏輯的展開，還讓人感覺直觸內心。

所以我們無法將尼采視為那些似懂非懂的眾多哲學之一，並輕易地放回書架上。它無時無刻都震撼著我們的心，因為尼采把從活生生的人類經驗與感性出發的思想化成了語言文字。

許多哲學雖然都從人類自身出發，但不知不覺間跳到了唯心論或抽象世界中，結果最後導出完全欠缺現實感的理論。但是尼采的思想未曾捨棄人類的生，甚至太過人性，充滿了「人味」。

此外，尼采的思想之所以深入人心，是因為在根底有著敏銳的人類觀察。其中也包含了人類心理的多重觀察。

尼采的心理學會毫不留情地刺入人心縐褶。例如，他指出：「當下露骨的同情是不好的。」因為尼采認為，同情等同視對方為弱者，使對方蒙羞。「高尚的人會督責自己，絕不讓他人感到羞愧……幫助苦惱者時，我嚴重傷害了他們的自尊。」

同情根植於一種傲慢，我們會任意評斷對方的苦痛與窘境到什麼樣的程度。結果同情便是從這些對對方欠缺敬意的無禮輕易地就冒出來了。

因此尼采覺得友情並不會從一起煩惱的同情中產生，反而共同分享喜悅才能交到朋友。這樣才不會讓人感覺到一味地將對方當成弱者的傲慢。

尼采在《查拉圖斯特拉如是說》（順帶一提，這本書的第一部只花了十天、第二部兩星期、第三部十天就寫完了）中如此寫道：

「……如果你有煩惱的朋友，你要成為他煩惱的安歇之所……要成為堅固的睡床、戰地的睡床。只有這樣才是對他最好的幫助……所有偉大的愛都是超越同情階段的。」

另外，尼采也說並不是所有安慰都是好的。因為「安慰其實是站在安全的置高點向下對意志消沉的人說話。」

所以如果那個人自尊心特別強，別輕易安慰他，反而應開誠布公：「我想任何安慰的話語對於現在的你應該沒有用吧。」於是他會覺得「這世界上沒有人能安慰自己，這是對處於高處的自己一種榮譽的象徵」，隨後又抬頭挺胸起來了。

如此對人類心理細心與敏銳的觀察，不只是適用於一般民眾的心理，而是更強烈嚴厲地揭穿被認為一般常識的觀念、正確的善惡美醜的價值判斷、真理，都可經由深刻的思索而獲得的一種自以為是的哲學思考。這就是尼采的哲學，或說是尼采的思想特徵。

◈為何尼采哲學被稱為「肯定的哲學」？

尼采哲學又稱為「生的哲學」或「肯定的哲學」。後世的研究者命名的這個招牌，清楚說明了尼采思想的特徵。

所謂「生的哲學」，意即特別重視活在當下的哲學。或許我們認為「重視活在當下」是理所當然之事，但「生的哲學」還有另一層「反基督教神學」的意味在。

因為當時盛行的基督新教神學否定自身活著的現世，重視有天國的「死後的世界」，在現世的倫理道德、行為的所有目的，全都是為了死後的世界。

因此「生的哲學」裡的「生」，其實是相對於從基督教神學中「死後的世界」

的反義詞。

「肯定的哲學」的說法也幾乎是相同的意思。意即人類不論美麗醜陋全都給予包容肯定，並且徹底貫徹重視此身在世如何活得充實的價值，而非理念、意境等。

在基督新教神學教義中，傾向將人類擁有的天性藉由教會相關人士所制定出的倫理來一一判別善惡，並刻意消滅惡的部分。但是，尼采卻主張人類的所有不論好的壞的都應予包容肯定。當然其中也包括了人類的本能、性欲、殘暴。

也因此，尼采的思想招致了不少誤解，認為他想擁有權力，理論野蠻粗暴。也成為了世間一般大眾、支持社會體制的人看到就厭惡的思想。

在哲學界，尼采也被視為異類。即便如此，尼采的思想與觀點仍擁有不可思議的力量，給予後世思想家甚至是現代年輕人諸多刺激，進而觸發更多新的想法。

◈「邏輯」無法跨越的牆

當年在書店無意間拿起叔本華的《作為意志與表象的世界》而大受啟發的尼采，二十七歲在瑞士巴賽爾大學擔任古典語文學教授時，以獨特的論點寫就了《悲劇的誕生》。

在這本堪稱尼采處女作且唯一寫完的著作中，主要討論與強調偏向理性思考的近代社會所忽略的「戴奧尼索斯（Dionysus）傾向」的重要性。

書中最開始放上一篇〈獻給理察．華格納的序文〉，接著進入到本文第一行是這麼寫的：「藝術要持續發展，端賴於阿波羅與戴奧尼索斯的雙重性。」

戴奧尼索斯是古希臘神話中的神祇之一，有另一個較廣為人知的稱號——那就是被世人崇奉為酒神，成為眾多藝術的創作靈感來源的「巴克斯」※1（Bacchus）。

但並不是說尼采篤信古代宗教，而是認為古希臘藝術的完成必須是兩位神祇合而為一，並且提出了戴奧尼索斯精神做為象徵人類「生」的一面。

屬於戴奧尼索斯精神的，如以下這些事物：音樂、戲劇、酒、陶醉、享樂、野性、豐饒、生命力、混亂、失序、快樂、官能、性愛、瘋狂、狂舞、靈感、間冒險、不知畏懼的受苦等。

然後從這些過剩的野蠻衍生而出的便是混沌、苦惱、悲劇。此外，戴奧尼索斯也具體表現了男性的活力。

相對於戴奧尼索斯，尼采以阿波羅神為象徵。屬於阿波羅精神的有：秩序、造形力、形式美、光、節制、文明、晴朗、理性、邏輯性等。另外也具體表現了沉靜的女性美。

簡言之，阿波羅象徵理性、是造形藝術的根源；另一方面，戴奧尼索斯是情緒的，音樂藝術的源頭。

當相抗衡的兩者緊密結合時，希臘悲劇便完美誕生了。而尼采將這樣的悲

1〔編注〕巴克斯為古羅馬神話中的酒神，和古希臘神話中的戴奧尼索斯相對應。

劇視為最好的藝術。

尼采甚至提出，現世阿波羅式的代表人物正是西元前五世紀的哲學家蘇格拉底。蘇格拉底是有名的哲學家，一般認為他是徹底釐清曖昧的概念，實踐以邏輯思考的第一人。換句話說，他是以邏輯思考哲學的代表人物。

但是，尼采十分厭惡蘇格拉底這種凡事經由理性邏輯窮究事物的學究態度。因為「只憑屬於阿波羅精神的邏輯就能理解世界」的這種自以為是，未免過於樂觀，並且認為那是一種思想上的頹廢。

我們以為用簡單明瞭的邏輯就能清楚了解世界與人類的體系架構，但事實上這世界與人類並非想像中那麼單純。因此只有知或只用邏輯理解全世界、闡明世界，終究會碰上邏輯思考的邊界，必定是走上一條挫折的道路。

讓尼采如此思考的，正來自於巴哈、貝多芬到華格納歌劇等德國音樂，以及康德、叔本華的哲學著作。

大幅超越過往的音樂旋律與鋪排、震撼的純古希臘式音樂，尼采還記得華格納帶給他的衝擊，他的厲害在那充滿戲劇性的歌劇（如《紐倫堡的名歌手》）中洋溢著戴奧尼索斯式的情緒，讓過去的希臘式悲劇重新再現。

這也如同尼采的處女作書名所展現的，《悲劇的誕生》原本的書名是《音樂精神中悲劇的誕生》。若要更加強調該意味，則可譯為《悲劇從音樂靈魂中誕生》。

不過，由於《悲劇的誕生》的文章過於感性，甚至被當時的古典語文學大家強烈批判此書只不過是以讚揚當時走在流行音樂尖端的華格納為目的的「偽學術論文」。因為勤勉的學者都認為「只有腳踏實地研讀古典文獻資料，日積月累才能成就學問」。

就這樣，尼采的處女作《悲劇的誕生》終於成了他不得不離開大學的關鍵因素。

說到康德哲學，到底是什麼刺激了尼采？那就是《純粹理性批判》中最驚人的重點，亦即人類的理性與認識能力有其限界，我們甚至無法看見真實世界或是原本世界該有的面貌。

而從叔本華的《作為意志與表象的世界》中，尼采學到了凌駕於人類理性之上的「意志」，是它推動著世界，任何人都無法反抗。

總的來說，尼采脫離了從知性、理性來理解世界的學究態度，明確轉變成重視更真實人性的、本能的東西，也就是戴奧尼索斯精神。

這本來就是尼采個人的傾向，在成為大學教師之前內心一直抑制的衝動。

於是，尼采在三十幾歲離開大學後，冬天與夏天分別住在義大利和瑞士，持續自發性的寫作，仰賴年金生活，發展出只有尼采才能構築的獨特思想，但其原型在《悲劇的誕生》一書中早已提及。

◈真實與真理到底存在哪裡？

尼采思想中提到一個特別的思考法就是「Perspectivism」。我們可姑且譯為「視角主義」。在尼采的發想或思考的基礎上，總會摻入視角主義的考量。

所謂視角主義，指的是人類習慣將物理或是精神上靠近自己的事物認為是價值較高的；事物離自己愈遠的則會反向思考。

不過，尼采並不是要批判人類這種價值判斷。相反的，正因為有「視角主義」，人類才能活在這當下。

例如世間的常識或合乎常理的思考，大多數都是由視角主義中誕生的。只要符合常理地思考或做出合乎常情的行為，就能在這世上活得較為輕鬆。這是因為自己也用大多數人參與世界的方式，與世界產生關係。

常識與真實沒有任何關係，甚至可說是一種「誤解」，但因為這種誤解，反而成為人類安全生存的條件。

那麼真實或真理到底在哪裡？或是說，人類其實無法窺見真實世界？至少能看到客觀的事實吧？

尼采不厭其煩地強調：「事實這樣的東西是不存在的。只存在著解釋。」接著又繼續說：

「追求事實本身也沒有意義。」

「說出『一切都是主觀』的同時，也只不過代表一種解釋罷了。」

「世界沒有唯一的意義，反而擁有無數的意義。」

「只要人類持續參與世界，就會萌生意義。意義本身就是視角主義。」

「解釋世界的到底是誰？不就是我們的欲望與衝動嗎？而那些衝動也被視角主義操縱著。」

「世界總有著無止無休的不安，充滿了神祕色彩。」

「精神、理性、思考、意識、靈魂、意志、真理，即使總覺得這些東西的確存在，但現實上根本不存在。這一切只不過沒有用的虛幻。」

「被稱為真理的東西是什麼？自己相信就是那樣、這樣，任性的價值判斷，只是我們將它稱為真理。」

因此，在過去的學問中，我們稱為真理的事物也就完全沒有一丁點的正當性與真實性。

「世界總是依循著某些價值被觀看著。那樣的世界並非真實存在，是不折不扣的假象。而這就是我們所說的世界。」

另外，關於哲學家所做的解釋，尼采也留了以下的文字：

「（一切）都是自己的詮釋，所以都是擬人化的解釋與構成。或是哲學家看到的都只是事物、世界，或人類之類的東西。」

◈「看得見映在鏡中的事物，也無法看見鏡子本身」

那麼如同笛卡兒在《方法導論》中寫下「我思，故我在」，我們可以說「只有自己，毫無疑問地做為唯一的自己而存在」嗎？

對此，尼采的想法是否定的。我們總覺得自己是賦予這世界各種事物意義與價值的人。但事實卻不是如此。我們只能透過給予外在事物意義與價值，來確認自己的存在，所以才這麼做罷了。

只有自己與自以為自身之外的事物產生關係，才能確切感覺到自己的存在。如果沒有任何關係也不感興趣，就無法確認自身的存在。

尼采以一個獨到的比喻說明：

「想要努力審視鏡子本身，結果卻只能看見映在鏡中的事物。」

因此，將事物本體與現象分開思考是無意義的。再者，也無法明確將主觀或客觀分開思考。

順帶一提，從關係性來建構自己或事物的這種想法，在現代稱之為建構主義或構成主義（Constructivism），尼采為此想法奠定了基礎，在這層意義下，顯示他在現代仍造成了不小影響。

此外，所謂事物的原因與結果，尼采說這是我們自行創造的概念。原因與結果事實上並不存在。

「當有事發生時，我們感到驚恐、不安，於是向外尋求熟悉的經驗。接著在將發生的事情當中，找到熟悉或相似的事物，最後才會感到安心。換句話說，想要判別原因與結果的心理，是對於不熟悉的事物產生恐懼所致。因此，我們並非真正在尋找原因與結果。」

如此嶄新的想法，在當時並不是那麼容易理解。

◈做為藝術作品的「哲學」

尼采的思想與一般哲學家的研究態度相去甚遠，他壓根也沒想到「哲學是真理的追求」。那麼對尼采而言，哲學到底是什麼呢？

對尼采而言，哲學不是學問。他說，生活態度本身才是哲學。這樣的哲學與藝術相近。尼采曾在信裡寫道：「與其當一名哲學家，我比較喜歡別人認為我是藝術家。」

從古至今，知識學問不斷持續積累，未曾解開一丁點關於世界的謎團，每個學問都是該時代的價值判斷；換句話說，只不過是含有偏見的見解罷了。在這層意義下，或許學問在每個時代都只是一種徒勞。

關於哲學，尼采有以下闡述。

「哲學是詩作藝術的一種形式。」

「以哲學構築的世界，其美麗與壯大被判定是一種藝術。」

「哲學家創造的，首先必是他自身的生活。生活才可謂是哲學家的藝術作品。」

尼采並非志在鑽研學問，而是在追求廣義層面下的藝術。這在他充滿比喻與感性的文章中完全表露無遺。

◈「上帝已死」——尼采真的「討厭基督教」嗎？

尼采思想的另一大特徵是，討厭基督教或說是反基督教。

關於這點，他最廣為人知的一句話便是「上帝已死」。這個說法從《查拉圖斯特拉如是說》最初的章節便已反覆出現過。

然而，這個「上帝」不單意謂著基督教的上帝或《聖經》裡的神，而是指普遍的絕對價值。由於這種絕對價值再也找不到了，於是他採用象徵性的說法言明「上帝已死」。

所以，尼采並不只是聚焦於基督教加以否定。

此外，「反基督教」的說法是有語病的，因為很容易被誤解他厭惡基督教的一切。

事實上，尼采厭惡的是從基督教神學衍生出的想法、倫理道德、世界觀、真理觀。尼采並不討厭耶穌或個別的基督教徒。他只是否定那種不管任何事都用固定的標準判斷、決定價值的態度。

此外，關於基督教的信仰態度會因國家、風土民情而大不相同，這點尼采是充分理解的。他在《善惡的彼岸》中如此寫道：「拉丁民族之於天主教，我們北歐人普遍信仰基督教，但相較之下一般認為天主教內部更加寬容許多。」「新教大致上欠缺了南歐的細膩。」話雖如此，尼采原本就十分喜愛法國文化，甚至平常還讀法文報紙。

尼采對《新約聖經》明顯的誤讀多所批判，不過卻十分敬重《舊約聖經》，他甚至寫道：「能否從《舊約》中讀出趣味，正是判斷『偉大』與『渺小』的試金石。」

尼采素來喜好貴族的勇敢與英雄的清高，「（在《舊約》中）存在著連希臘、印度文獻中都找不出可匹敵的、格局龐大的人事物、語句」。

尼采討厭基督教最主要的原因在於，從基督教神學中誕生的倫理道德只強調死後的世界（尼采揶揄此為「背後世界」，藏在現實背後的另一個世界之意），相反的，卻輕忽了現世的態度。例如為了進天國，所以現在應該要做什麼之類的態度。

因為若將死後世界或天國的價值擺在至高無上的位置，那麼就再也找不出在現世的行為價值與信心了。結果，位於現世彼岸的世界成了真實世界，現世反而變成假的居所，心裡感到空虛。這是虛無主義（Nihilism）的一種形式。

尼采將基督教歸咎是覆蓋全歐洲的虛無主義，並激烈抨擊：

「生存衍生的虛無主義式的逃避、對虛無的渴望、或是對生存的（反對物）、個別的存在、佛教或類似宗教的渴望。」

然後尼采說浸淫在基督教過久的結果，便是得了宗教精神官能症。

「在其中必然會發現三種危險的養生法，亦即獨身、斷食、禁欲。」這很顯明是對修道士與神職人員的譴責。這樣的譴責尼采在文章中頑固地、不厭其煩地一寫再寫。

忽視現世的生、抱持著虛無主義的生存態度、剝奪人類的自主性、單純依附精神思想、將人類的軟弱肯定為善、制約人類的生活態度等，這些都是尼采極度厭惡的。

事實上當時基督教會曾向教眾宣導，應將從神學中衍生的生活方式做為清規加以遵守。例如他們警告夫婦行房時只能進行所謂的正常體位，其餘的皆是惡魔的體位。

尼采看到基督教「將人類的軟弱肯定為善」，主要出自於《新約聖經》中有名的一段「登山寶訓」，耶穌說：「你們貧窮的人有福了，因為神的國度是你們的。」

尼采就想，貧窮的人怎麼可能有福，這分明就是顛倒了是非價值。不過，就如同其他猛烈的批評，尼采對於《聖經》的詮釋其實有不少地方過於薄弱。

像這一處耶穌所說的貧窮的人，並非指沒有經濟能力的窮人，而是精神上貧乏之人，例如那些無法依賴金錢、權力、人脈，只能不斷向上帝祈禱的人們。

◈「超人」的誕生——什麼是理想的人類形象？

徹底肯定在這世上自己的生，充分活出當下而不墜入基督教所代表的宗教虛無主義——這樣的理想人類形象，尼采提出了一個抽象的概念：「超人」（Übermensch）。

所謂超人，並不是像動漫裡的「超級英雄」，而是以自己的力量毫不鬆懈地創造倫理與價值，對人生中所發生的一切都能果敢概括承受。

以《浮士德》等聞名於世的大文豪歌德，曾使用「超人」形容文化能力高的人，尼采借用了這個詞以及研究古希臘貴族的舉止而得到這個發想。

關於尼采提到古希臘貴族的舉止（尼采也引用了斯堪地那維亞的維京人以及日本的貴族，可見他對於東西方貴族一律單純地平等看待）大致摘列如下。

「卓越、勇敢。」
「不卑微。」
「完全不虛榮。」
「生命充實。」

「滿溢的權力感情。」

「在人生旅途上面對苦難與悲慘能勇敢接受，不逃避。」

「尊敬自己，也尊敬敵人。」

「不否定外在的、其他的、不屬於自己的事物。」

「對任何事都採取主動積極的態度，不後悔自己的所作所為。」

「常保信念。」

「有自尊。」

「自己的行為關係到自己的幸福。」

「認為自己所做的事都是正確良善的。」

「不唯唯諾諾地遵從他人決定的價值與倫理。」

「自己才是決定價值的人，不需要他人的認同。」

「幫助他人不是出於同情，而是源於精神上的豐富進而施惠。」

「有殘酷無情的一面。」

「敬畏祖先、傳統、長者。」
「時常抱持感謝之意。」
「不畏懼衰敗。」
「不毒害他人。」
「不沉溺於厄運、災難、侮辱、憤恨之中。」
「會自主思考什麼是良善、優良等基本概念。」
「遇到事情不順，不會認為是惡劣、不好的。」

尼采進一步寫道，古希臘貴族都稱自己「我們是真實的人」。

尼采思考的超人特徵，基本上是徹頭徹尾地獨立自主，毅然決然接受生命，積極進取的人。不依附也不奉承他人與這個世界。

同時也被認為是利己主義的、精神上的無政府主義者。絲毫不考慮保身之事，也不逃避自己即將遭遇的厄運。

如此光明坦蕩的人類形象，尼采多麼希望這樣的人物就出現在眼前。在《生成的無辜》中有這麼一段文字：

「在緊臨地中海的熱那亞，一座山丘的乾燥道路上，多麼希望有一位不覺自己卑微渺小的人、能抬頭挺胸邁開步伐走向山丘的人出現在眼前。」

不過，尼采思考的超人形象最初並不那麼明確。在他年輕時撰寫的《道德譜系學》中，還曾稱拿破崙像超人一樣：「拿破崙，這個非人與超人的綜合體。」

尼采對於超人的闡釋總有許多令人興奮、誇張、戲劇化的形容，但是超人最應該強調的創新特質還是在於，不管世界怎樣變化，依然有自己的倫理與行為規範，有自己的價值判斷。但這也是常人難以企及的。

◈超人不需要道德

超人擁有自由意志，但並非是在社會道德、宗教或體制所認同的範圍下的自由。

超人做事必定有其目的，想做的時候才做。因此，在他的行為規範裡完全不存在著一般我們稱之為道德的東西。

在下意識遵循著社會與時代規範的普羅大眾眼中，這樣的超人很容易做出只有惡人才做的舉措。但超人處於「善惡的彼岸」，他不受世間的善惡標準約束並限制行動。是善是惡由他自身來決定。

那麼對超人而言什麼是善？充滿力量與勇敢的事物。惡則是一切的軟弱與膽怯。因此，超人的行為總是伴隨著危險，不那麼安全。

此外，超人的行為也會帶來鬥爭。可能化為現實的戰爭，也可能是人生路上的戰鬥。但他不會為了求勝採取卑鄙的手段，奮戰最後失敗仍是勇猛的表現。

超人嚴格自律，所以不會屈居於計較得失、明哲保身這種一時的卑賤衝動，也不會寬待自己。所以自己是值得尊敬的。當然背叛朋友這種事也是決計不做。

尼采真心認為，超人這樣的人物遲早會出現，而且是出現在民主主義人人平等的安逸體制以外的地方。

這種思考或許看來像是尼采的妄想，但是尼采一開始就說「生活態度本身才是哲學」。因此，他提出超人這樣的人類形象一點也不足為奇。

超人的確是充滿強烈個性的人物，但想想當我們完成一件事時，其實在經驗上也可說有股超人的、利己的力量在背後大力推動著我們。

對於還不理解這些事的人，尼采所提倡的超人，在每個人思索自身的生活態度時，很有可能帶來一帖如猛藥般的啟發。

◈「永劫回歸」背後的「科學」

尼采提出的另一個思想是「永劫回歸」(Eternal Recurrence)。他認為世上萬物會依序以同樣的形式不斷出現。

在這裡面沒有停滯也沒有進步。

這個奇妙的思想充滿著情緒感性的字眼，由於尼采本人也無法自圓其說，致使內容出現各種矛盾，後世哲學家也諸多揣測難以理解。

不過，永劫回歸思想背後，卻來自於當時物理學的新發現「能量守恒定律」。

此外，世界萬物不斷循環再現的想法，正好與基督教神學的時間論相抗衡。

在基督教神學裡，時間是從過去到未來單向直線前進的。因此基督教告訴信眾，世界有開始(神創造世界)與結束(世界末日)；而尼采否定這個論點，或者故意唱反調，認為一切都會再生與回歸。

永劫回歸也源自於古希臘的自然觀。當然不僅是古希臘，古代中國、日本也都有相同的觀念；春去春回來，「周而復始的想法」是很普遍的。因此長久以來，人們將季節更迭流轉視為理所當然之事。

永劫回歸也與超人的生活態度一致。超人對自己的所作所為不會感到後悔，再怎麼悲慘也不退縮，甚至還會心懷坦蕩地接受。

因此，不論事情或悲劇再怎麼重蹈覆轍，超人會說：「啊，這就是人生吧。那麼再好好加油！」隨即欣然接受。

CHAPTER 6

何謂「世界」？何謂「語言」？

維根斯坦

Ludwig Wittgenstein

比起世上大多數人，我的靈魂是暴露於外的。
這也是我的天才性所在。

維根斯坦雖然是理科出身的哲學家，
但其內在反而比較接近藝術家。
於是，如同他精於建築與雕刻，
其文章表現、想法也不斷經過精練推敲，
再刻鑿進作品中。

路德維希・約瑟夫・約翰・維根斯坦
Ludwig Josef Johann Wittgenstein, *1889-1951*

維根斯坦出生於奧地利最大的鋼鐵鉅子世家，在八名子女中排行最小。

雖然有著猶太人的血統，但父親是新教徒。孩子們則跟著母親接受了天主教的洗禮。

十四歲以前在家中自學，十七歲起在柏林大學學習機械工程，隨後又在英國的曼徹斯特大學學習航空工程，最後更到劍橋大學師從羅素（Bertrand Russell，一八七二－一九七〇）學習邏輯學。

二十五歲到三十歲從軍，參加了第一次世界大戰。其間傾心於俄國思想家托爾斯泰（Leo Tolstoy，一八二八－一九一〇）的《托爾斯泰福音書》（*The Gospel in Brief*），軍中同袍都稱他為「讀福音書的男人」。在戰爭期間他完成了著名的哲學書《邏輯哲學論》

（*Tractatus Logico-Philosophicus*）。

之後他短暫離開了哲學領域，四十歲那年重返劍橋，開始教授哲學。五十歲那年，維根斯坦正式成為哲學教授，但是他對於職業哲學家以及大學或學者高高在上的學院氛圍感到十分厭惡，五十八歲時便辭去了教職。六十二歲因前列腺癌去世，終身未娶。

維根斯坦有四位哥哥及三位姊姊，都具有藝術的才華。然而其中三位哥哥在年輕時相繼自殺，讓維根斯坦強烈認為自己將來有天可能也會走上自殺一途。

在劍橋大學拜入羅素門下時，曾半夜突然跑到羅素的房間。羅素事後回憶，當時維根斯坦說：「如果離開這裡我就要自殺。」隨即在房裡來回踱步陷入長考。由此可見維根斯坦有脾氣暴躁的一面。

和維根斯坦有深交的學生諾曼・馬爾康姆※1（Norman Malcolm，一九一一—

九九〇）在書裡如此寫道：

「跟維根斯坦在一起，無論何時都很費心力。和他說話不僅需要絞盡腦汁，還要忍受他嚴厲的說話方式、毫不留情的批判、喜歡好奇追問，以及經常陷入陰鬱的情緒中……只要和他一起待上幾個小時，就會精疲力盡，消磨心志。結束後若不隔個兩、三天，總覺得沒有再見的氣力了。

「沒有事先備課也沒有筆記……講課的內容大多不是先前積累下來的知識，而是在我們面前當場萌生的新想法。

「……一下課就飛奔去看電影……他堅持坐最前排，彷彿將銀幕完全塞進自己的視野裡。為的是甩開那些上課時的想法以及自我厭惡的情緒。」（出自《維根斯坦傳》〔*Ludwig Wittgenstein: A Memoir*〕）

1〔編注〕美國哲學家，也是著名的維根斯坦研究者。

旁人眼中的維根斯坦是行為奇特的怪人，他厭惡學者生活，所以樹敵不少，但他只是忠於自己努力活下去罷了。

在給羅素的信中，維根斯坦寫著：「無論如何我得讓自己變得純粹才行。」為了活得純粹，他放棄繼承龐大的家產，全部讓與他的姊姊們。也因此維根斯坦的生活過得十分簡樸。他總是穿著灰色的法蘭絨褲與襯衫，簡單披著羊毛上衣或運動外套。而且除了雨天的大衣外，連鞋子都保持得非常乾淨。

晚餐也吃得十分簡單，有時僅有硬麵包與一杯熱可可。他自己的房間經常讓學生進來上課，也經常打掃，只是屋內設備簡陋，連張安樂椅或電暖器也沒有。不過卻有一只手提式保險箱，裡頭放的是一些發想的筆記或原稿。

維根斯坦害怕死在醫院裡，於是人生的最後時光便在劍橋朋友比萬（Edward Vaughan Bevan）醫生家中度過。在病況惡化臨終時，他說：「告訴大家，我過了非常精采的一生。」之後與世長辭。

6 何謂「世界」？何謂「語言」？維根斯坦

主要著作

《邏輯哲學論》、《哲學研究》（*Philosophische Untersuchungen*）、《論確定性》（*Über Gewissheit*）、《小學生的字典》（*Wörterbuch für Volksschulen*）

為什麼說「哲學是無意義的」？

◈哲學書到底讓人理解到什麼程度？

當維根斯坦二十五歲還是學生的時候，他便志願從軍，成為奧匈帝國軍隊的一員趕赴沙場。這是人類史上首次世界級的全面性戰爭，歷史上稱為第一次世界大戰（一九一四－一九一八）。

在這場戰爭中，維根斯坦的數學家好友大衛．品生特（David Pinsent）因飛機墜落事故身亡；他的哥哥庫特為負起在前線撤退的責任，舉槍自盡。

身為士兵的維根斯坦勇敢奮戰，立下功績後晉升為少尉；一九一八年十一月遭義大利軍隊俘虜。

在第一次世界大戰這段約五年的時間裡，他完成了一本哲學著作，即僅約七十頁的《邏輯哲學論》。一九二二年以德英對照的形式在英國出版，此時維根斯坦三十三歲，是名有點奇特的小學老師。

這本附上給友人品生特獻詞的《邏輯哲學論》雖然頁數不多，但在當時的哲學界造成不小的衝擊。原因是維根斯坦幾乎直截了當地否定了過去所有的哲學論點。

《邏輯哲學論》以邏輯條理分明的方式闡述「所有哲學的命題，亦即過去哲學處理的所有問題全都是無意義的」。

但維根斯坦並非指摘過往的哲學書通篇錯誤。

他是試圖從邏輯的論點考察人類的邏輯思考與表現化為文字後，究竟能理解世界到什麼程度？或是只能理解到什麼程度？

換句話說，維根斯坦想揭開語言所能表達的界線。這與康德的態度相似。康德也是想了解人的理性極限在哪裡，而寫了《純粹理性批判》。當然，維根斯坦也讀過《純粹理性批判》。

◈被稱為「世界」的真實面貌

在《邏輯哲學論》的序文裡有以下的內容，裡頭明確記述了維根斯坦的寫作意圖。

「本書處理哲學問題，並指出這些問題……都是基於誤解語言的邏輯而提出的。本書所要闡述的全部意義可化約如下：凡可說的都可以明白表達，凡不可說的，我們必須沉默。

「……本書要為思想畫出界線，或者說是為思想的表達畫出界線。而要為思想畫出界線，就必須思考這個界線的兩邊（亦即我們必須能思考無法思考的事物）。因此只能在語言中畫出界線，而界線的另一側都是無意義的。」

從序文中引用的這部分，就概述了《邏輯哲學論》的主要內容（不過，在序文或本文中提及的「無意義」，與一般常用的「無意義」意思不同。之後會稍加說明）。

《邏輯哲學論》相較於過往的哲學書，寫法十分奇特。

如同以下的書寫方式，片斷的命題短文共五百二十六句，用十進位法加以編號羅列。

1 世界是所有發生的事物。

1．1 世界是事實的整體，而非事物的整體。

1．11 世界是由事實確定的，是由此諸事實即所有的事實這點確定的。

1．12 因為事實的整體，既確定了發生的事，也確定了一切未發生的事。

1．13 邏輯空間的諸事實就是世界。

《邏輯哲學論》通篇持續著這樣的書寫方式，其中編號一位數的命題代表主要內容。

一位數以外的編號，則用小數點後面的號碼做為下位區分，可看作代表該章主要命題的補充說明或註釋。

相當於主要命題的章節只有七章。或者我們也可說，這七個命題就是維根斯坦的哲學。

1 世界是所有發生的事物。
2 發生的事物即事實，也讓事實的內容得以成立。
3 事實的邏輯圖像就是思想。
4 思想是有意義的命題。

> 5 命題是基本命題的真值函數（Truth function）。
> 6 真值函數的一般形式是$[\bar{p}, \bar{\xi}, N(\bar{\xi})]$，也是命題的一般形式。
> 7 對於不可說的事物我們必須保持沉默。

其中（1）到（6）的部分，大多探討與邏輯相關的論題。從（6）的中途開始，頻頻出現充滿哲思的語句。（7）則沒有任何註釋和說明，只有斬釘截鐵的一句話就結束了。

此外，命題（6）中出現了函數公式。這是維根斯坦利用邏輯運算，試圖窮究世界的整體面貌。

不過要注意的是，書中所描述的「世界」並非我們一般模糊想像的世界，也不是電視等媒體報導的國際新聞中所出現的世界。

維根斯坦稱為「世界」的，是如（1・1）與（1・13）所述，是有界線的世界。

「世界是事實的整體，而非事物的整體。」（1・1）
「邏輯空間的諸事實就是世界。」（1・13）

維根斯坦會如此思考，是因為他認為如此能將現實世界徹底記述下來。換句話說，世界發生的事實皆能以語言、記號或是模型加以說明。如同已發生的交通事故可用圖表及模型加以說明。因為事實的關係與語言和記號的邏輯關係、構造相同，所以才能運用這些方式再現。

也因此維根斯坦在（1・13）寫下「邏輯空間的諸事實就是世界。」如果這樣難以了解意義，以下的比喻或許較容易理解。

例如，光有鋼琴的鍵音無法變成音樂。但如果將這些音有邏輯性地加以組合，形成旋律時，彈起來就是音樂。在這個情況下，鍵音的排列組合就是「事實」，音樂即為「世界」。

所以如同（1・1）所述，「世界是事實的整體」，但「不是事物的整體」。

「事物的整體」若以音樂來比喻，即世界上存在著各種協調與長度的音，但那僅是一堆雜亂無章的音，無法成為音樂。若無法以邏輯組合排列，就不存在著做為事實的音樂。

亦即，我們人只要在以邏輯使用的語言範圍內，理解到的各種現象或事物，都被視為所謂的世界。

換句話說，只有透過我們的觀察、邏輯性感知才可能理解掌握世界；而那些理解到的事物我們稱之為世界。

由於每個人都是如此理解世界，因此無論寫出再怎麼離奇古怪的幻想小說，描寫的背景與故事，其邏輯結構終究與我們理解到的世界是相同的。

「儘管我們想像中的世界如何脫離現實，但顯然某些東西——一種形式，與現實世界是共通的。」（2・02）

◈語言與事實總是相對應的——維根斯坦的「圖像論」

人依據理解範圍內的邏輯觀看這個世界。然後，透過擁有與世界相同邏輯結構的語言思考，並將思考過的事整理成文章（圖像）。

「事實的邏輯圖像就是思想。」（3）

而怎樣才能判斷那些思考或化為文章的東西是正確的呢？

「判斷圖像的真偽在於與現實是否相符。」（2・222）

簡言之，語言或記號的正確與否，得藉由與現實存在的事物對照來確認。比方在現實中演奏貝多芬奏鳴曲的樂譜，在邏輯結構上與現實演奏出的樂曲相通，那麼就可以斷定這是貝多芬曲子的樂譜。

這種想法稱為維根斯坦的「圖像論」。當然，從現代的觀點來看，將這種圖像論套用在語言表達上未免過於簡化。

然而，當時二十幾歲的維根斯坦認為圖像論可以用來解釋一切。但如同我稍後將說明的，四十歲以後的維根斯坦改變了立場，探究起語言深層的未知之謎。

圖像論的思維發想來自於數學的集合論與函數。原本函數的意義就是圖像。

此外，算式本身也可說是圖像。即使如「11－4＝7」這麼簡單的算式，左項與右項表達方式不同，但意義卻是相同的。同樣的意義只是不斷使用不同的數字表達罷了。

維根斯坦則將這樣的圖像論應用在哲學的命題表現上，亦即試圖叩問哲學命題的真偽。

然而，命題不是什麼特別的文字表現，命題是包含真偽的一般性文章。不過，它不是發出感嘆或驚訝等具有聲音表情的文句或採用詰問的疑問句，只有平鋪直敘的句子才是命題。

所以除了哲學書，一般事務性的文章都是敘述文，也可稱為命題（《邏輯哲學論》中命題的原文是Staz，直譯成一般用語即為「句子、文章」）。

所以，命題就是世界的圖像。換言之，它對應著存在世界上的一切事實。同理，我們的思考也是世界的圖像。

「命題是現實的圖像。命題是我們思考的現實的模型。」（4・01）

維根斯坦舉了一個簡單易懂的例子，他闡述了像日語這種從古代象形文字衍生出來的文字。

「為了理解命題的本質，我們來思考一下象形文字。象形文字圖像化了它所記述的事實。從中衍生的表音文字，也並未喪失對圖像而言那本質意義的東西。」（4・016）

因此外文翻譯只是翻譯命題本質意義的部分，而不是將該外文的命題轉換成其他語言的命題（4・025）。

正因為命題描繪現實，只要將命題一一對照現實，也就能藉此判斷出命題的真偽。倘若現實也是如此，那麼即可判斷該命題是「真的」。

舉個簡單例子。有這麼一個命題：「○○產業股份有限公司今年的業績紀錄是五百三十億圓。」若實際上真的進帳五百三十億圓，那麼便可判定此命題為真。若實際進帳是一百八十億圓，則該命題就是假的，即便五百三十億是幾年前的數字，對此命題而言仍然是假的。

在這個命題內容中，「業績紀錄是五百三十億圓」的部分稱為基本命題。當基本命題與事實不符，亦即是假的時候，整體的命題文章則判定為假。總之，判別命題的真偽關鍵在於基本命題。而維根斯坦稱此為「命題是基本命題的真值函數」。真值函數的公式為（6）的$[\bar{p}, \bar{\xi}, N(\bar{\xi})]$。

也就是說，能以真值函數判斷真偽的命題內容，其所使用的語言，必定得能對應事實。充滿曖昧的、情緒化的、多義的語言則不適用。

由此明顯可知，能判斷真偽的命題內容僅限於自然科學的東西。也就是說，不僅是詩歌與文藝創作，我們日常生活中使用的大多數語言，都無法藉由真值函數來判斷真偽。

在此需注意的是，真值函數的「真值」，並非自古希臘哲學以來哲學家一直追求的「真理」，也不是《聖經》上所記載的「真理」之意。

此外，它也不是像人間的真理或人生的真理這類比喻的用法；它只是意謂著在邏輯世界裡，一種單獨的、陳述事實的「真」。

◈「哲學不是運用邏輯追求真理的學問」

能藉由真值函數來判斷真偽的，只能是自然科學的命題。那麼，哲學呢？「哲學不是自然科學。」（4・111）由此可知，真值函數當然無法判斷出哲學在邏輯上的真偽。

維根斯坦在（4・003）如此寫道：

「哲學相關的大多數命題和問題並不是假的，而是（邏輯上）沒有任何意義。」對此維根斯坦舉例說明：「這好比在問『善和美是相同的嗎？』之類的問題。」而這樣的問題原本就無法判斷邏輯上的正確或謬誤。

因為沒有人知道善或美具體而言指的是什麼，當然也就無法弄清楚在現實中對應善和美的事物為何。所以對於「善和美是相同的嗎？」這個自古以來的哲學問題，在邏輯上就變得沒有意義了。

所謂「沒有意義」（原文為unsinnig），並不是說真的毫無意義，而是這樣的問題已經超越了用邏輯判斷真偽的範疇（邏輯世界），再怎麼窮究也是徒然。

換言之，在判斷真偽的「邏輯世界」之外，存在著無法判斷真偽、微妙的「價值世界」。

哲學與藝術便是屬於那個世界的產物。我們同時活在邏輯世界及其外側的價值世界。

「意義位於（命題的邏輯世界）之外。」（6・41）

「因此，不可能存在任何倫理學命題。（由邏輯支撐的）命題無法表達出更高層次的事項。」（6・42）

所以「顯然，命題是無法言說表達倫理學的。」（6・421）

過去我們都認為哲學是運用邏輯窮究真理的學問。諸如真善美是什麼？惡是什麼？上帝的概念的什麼？生是什麼？活著的價值是什麼？到底存在是什麼概念？時間是什麼？空間是什麼？死是什麼？我們人是什麼？

然而，使用邏輯，終究只適用於在邏輯範疇世界能理解的事物。結果，這些問題的答案眾說紛紜，或跌落了無底迷宮，或反覆兜圈陷入不斷換句話說的窘境。

維根斯坦表示，這是因為我們將這些問題，或說是世界外側的事物試圖用世界內的語言與邏輯表現所造成的結果。

那麼面對這些無法用言語清楚言說的神祕，該怎麼辦才好？維根斯坦告訴我們：「對於不可說的事物我們必須保持沉默。」（7）

於是，（6．42）的「不可能存在任何倫理學命題」也就不難理解了。因為倫理是屬於存在於邏輯世界之外的價值表現。命題只能表達事實與其可能性，無法正確表達出價值。

舉例來說，假設「桌上有朵美麗溫柔的花」。陳述句裡出現的「美麗溫柔」並無法用邏輯理解。能以邏輯判斷真偽的，只有桌上到底有沒有花這部分。

再舉個更淺顯的比喻，邏輯性的表現與判斷就像「政府依法行政」。假設有件事攸關市民福祉，那麼政府會先制定相關社會福利的法律，接著建設相關公共設施、安排人員。做到這裡，政府便認為已經增進了社會福祉。

但是這樣的社會福祉只是空殼。社會福祉只有在人與人彼此關愛的情況下施行才能實現。與設施、法律完全無關。即使沒有設施或法律，也能增進社會福祉。

從這個例子可看出，以邏輯為主的系統不帶任何一絲人性糾葛。完全是不同層次的世界。

維根斯坦特別強調出兩者的差別。若沒有區別，在日常生活中的許多重要事物將被邏輯性與合理性所箍制。

順帶一提，前面提到的「倫理」指的並不是道德哲學，或一般我們所認知的道德。而是包括美與宗教在內、超越更高層次的事物。

維根斯坦強調這些超越邏輯範疇的事物無法掌握，那麼運用邏輯表現的科學敘述，或許是較為實際且有意義的。科學看來似乎能將許多事物條理清晰地說明清楚。

然而，我們以為自然定律是對自然現象的解釋，其實這只是幻覺（6・

371）。

事實上，科學並未看透自然的本質，它只是將科學本身的邏輯必然性套用在自然上，再加以陳述出來罷了。

不過，這種「因為單一事件發生，另一事件必然發生」的邏輯必然性，也不能保證其絕對性（6・37）。所以，明天太陽依舊升起，這樣的說法只是假說，因為誰也無法知道太陽明天是否真的升起（6・36311）。

◈關於談論那些「不可說的事物」……

前面大約已經講述了《邏輯哲學論》九成以上的內容。

但是維根斯坦真正感興趣的事項，是記載在第（6）部分中間到第（7）部分，像格言（Aphorism，將世界的真實化為言簡意賅的語句。警句）一般的短文。

我引用部分內容羅列如下：

「如果善的意志或惡的意志改變了世界，也只能改變世界的界線……簡言之，世界會因此而成為另一個完全不同的世界。可以說，世界必定做為一個整體擴大或縮小。幸福的人與不幸的人兩個世界截然不同。」（6・43）

「如同在死亡時，世界不會改變而是終結。」（6・431）

「死亡不是生命中的一個事件。我們沒有經歷過死亡。如果我們不將永恒理解為時間的無限延續，而是非時間性的，那麼當下的活著的人，也就永遠地活著。如同視野一望無盡，生命也沒有盡頭。」（6・4311）

「……空間與時間中的人生之謎，其解答在於空間與時間之外。」（6・4312）

「世界是怎樣的這點並不神祕，而世界存在著，這點是神祕的。」（6・44）

「我們會感覺到，即使解答了所有可能提出的科學問題，依然未觸及到生命的疑問。當然，此時也不再有問題了，而這就是答案。」（6・52）

「生命疑問的解決就在於這種疑問的消失（而這不就是經過長時間懷疑、最後頓悟生命意義的人，卻無法說出所以然的原因嗎？）。」（6．521）

「的確存在不可言說之物，它們顯示存在，卻又神祕。」（6．522）

維根斯坦在《邏輯哲學論》後半出現的這些倫理學式的見解，絕不是什麼順便的「補充說明」。

相反的，倫理與神祕才是他最感興趣的部分，他甚至透露：「他只能用宗教觀點看待任何問題。」

奧古斯丁※2（Aurelius Augustinus）、康德、托爾斯泰、叔本華、齊克果※3（Søren

2 奧古斯丁（三五四－四三〇），古代基督教最重要的神學家。他借用柏拉圖的思想導入了基督教神學中。有名的著作是《懺悔錄》（*Confessiones*）。

3 齊克果（一八一三－一八五五），丹麥思想家。反對黑格爾哲學，批判基督教會體制，被視為存在主義（Existentialism）的先驅。有名著作為《致死的疾病》（*The sickness unto death*）。

Kierkegaard)……維根斯坦讀過這些人的著作且深受影響，同時抽取其中與神祕、人類倫理的相關部分提煉成理論最重要的精華。

◈後期的維根斯坦・重視語言的使用方式

隨著《邏輯哲學論》的出版，維根斯坦認為他已經解決所有的哲學問題。於是遠離哲學，並將一筆龐大遺產全部讓與姊姊們後，便到修道院當園丁的助手，之後還去小學教書，然後又到另一個修道院當園丁助手，幫忙姊姊設計宅邸。十年後，一九二九年他重新進入劍橋大學就讀，於該年六月取得博士學位，開始教授哲學。

早期維根斯坦認為語言表達與現實之物有直接的關聯。也就是所謂的「圖像論」。

然而，四十歲以後的維根斯坦，卻不再認為語言是現實之物的直接表現，亦即不是事實的圖像。

維根斯坦無法斷言，語言必定得能對應到某一事實。使用某一詞語時，其表達的意義並非只能有一種。他後來認為，意義是從該語言的使用方式中產生；而使用方式是從生活形式中產生。

而生活中語言的使用方式，以及從中我們到底想知道什麼，到底什麼才是確切的事物等，維根斯坦將這些探究成果寫成了《哲學研究》。

不過，這份遺稿是在維根斯坦死後經他人編纂後出版。在他生前出版的僅有《邏輯哲學論》一書。

《哲學研究》從語言哲學展開到導出結論，採取的並非一般哲學書的書寫形式，而是將維根斯坦的思考記錄下來的短文片斷。可說是將他所思所得隨時表達出來的產物。沒有整理歸納也沒有完結。

他在序文中如此寫道：

「這次出版的內容，是我這十六年來潛心探究哲學，沉澱累積的諸多想法……這些想法全都是從片斷的筆記中抄寫下來的。有的同一主題會連續寫下，有的則會從一個領域突然跳到另一個領域。

「……我不希望因為自己的手稿反而造成他人疏於思考。可以的話，希望我的手稿能成為他人自我思考的激勵。」

這本《哲學研究》可說是紀錄之書，可窺見維根斯坦這位哲學家在思考些什麼，怎麼思考等一連串哲學思考的過程。

在此選擇一些較易理解的思想，概述如下。

◈我們的生活就是「語言遊戲」

我們該怎麼判斷一個孩子是否了解語言？如果孩子熟知語言的文法，知道豐富的字彙，或是發音準確，是否就能判定他了解語言呢？

通常不是這樣判斷的。而是當我們看見孩子對著某人傳達了自己想表達的意思時，才能判斷那孩子原來了解語言。

大人教小孩說話認字也是如此。最初也不會說明單字或文法。「教語言不是用說明的，而是訓練。」（第一部分第五節）

換句話說，訓練與人對話溝通。

透過與對方交談，並且溝通無礙，這種狀況就是所謂的「了解語言」，也是「語言遊戲」（Language-game）最初的形態。

像這樣，說話成為「一種活動甚至是生活形式的一部分」（第一部分第二三節），維根斯坦稱為「語言遊戲」。所以當生活形式（大致的規範領域）彼此一致，也就成為了解彼此語言的基礎。

而且語言表達的意義，會從語言的作用，或者從生活圈中語言表達的方式產出，而並非只有該言語原本的意義。

也就是說，在同一生活圈裡每個人表達的語感的細微差別，都會大大影響該語詞的意義。

簡單舉個例子。例如說人家「笨蛋」時，想表達的並非對方是真正的「愚蠢」。反而在不少情況下是帶有親暱意味在。

此外，「笨蛋」與「阿呆」的意義輕重，在關西與關東兩地截然而不同，這也是生活方式不同的緣故。

像這樣罵人的話，發聲的方法、根據狀況使用的方式不同，其意義的強弱深淺程度也會隨之改變。對這樣的改變能自然而然地理解，也是因為人在無意識中理解語言遊戲的規則所致。

所以語言並不是靠文法上的理解才彼此相知，是了解語言背後的真正意義，才會彼此認識或互不認同，而這一切得在雙方文化環境或生活形式大多一致才有可能發生。

◈任何「語言」都無法傳達真實!?

一般認為，語言總是正確指涉著某一對象。然而表達出自己情緒、感覺的語言，真能準確無誤地傳達給對方嗎？

例如，「總覺得哪裡痛」是一句關於感覺的言語表達。

當有人傾訴自己的疼痛時，別人只能推測他有多痛。無論用任何方法傳達疼痛，別人都無法確實得知與自身相同的疼痛（第一部分第二四六節）。他人的疼痛與自己經歷的疼痛完全相同——根本沒有這樣判斷同一性的標準（第一部分第二五三節）。

關於顏色，也可說是同樣的問題。

當有人說「那顏色好紅」時，那個紅是否與別人認為的紅相同？這也是沒有共通的基準。或許紅色因人有微妙的差異，也可能認知完全不同。

這種表達感覺的語言，無法正確指涉出對象。關於感覺，就好像每個人擁有一只箱子並偷偷往裡瞧。

別人的箱子裡頭的東西從外面是看不見的。這種情況就好像大家只是各自看著自己感覺箱裡的內容，即使內容物不同，大家仍用語言做出相同的表達（第一部分第二九三節）。

所以，我們不是根據某種標準來判斷自己的感覺與他人的感覺相同，而是根據同樣的表達，擅自認為感覺相同罷了。（第一部分第二九〇節）

疼痛的概念也是如此。小時候學到關於疼痛的語言表達時，同時也學習了疼痛的概念，並且到今天仍舊在使用這個概念（第一部分第三八四節）。

換句話說，與疼痛等感覺相關的語言表達，並不是產生理解的傳達，而是如同動物啼叫聲的表現。

關於感覺的語言表達，為了將自身感覺真正讓他人也能理解，感覺的那種

「內在過程」需要外在的標準（第一部分第五八〇節）。

然而，事實上外在的標準根本就不存在。所以即使自己想記住那份疼痛，但也沒有任何確信的根據證明別人的疼痛和自己一樣。

內在過程不僅只有疼痛。我認為有意識的、內心所相信的，都是內在過程。維根斯坦陸續提出以下的疑問。

「當說『我有意識』時，到底我是向誰傳達呢？……別人要怎麼才能理解我呢？」（第一部分第四一六節）

「我有意識，這件事是經驗事實嗎？」（第一部分第四一八節）

「當我相信人內在有靈魂時，我在相信什麼？當我相信這個物質含有兩個碳原子環時，我在相信什麼？」（第一部分第四二二節）

維根斯坦的這種思考是對「唯我論的認識」提出批判。唯我論（Solipsism）

簡言之就是，只有自己看得見的東西才真的存在的一種認知立場。

例如，典型的唯我論哲學家就是笛卡兒。他在其著作《方法導論》說：「我在思考。當我在懷疑其他一切的存在，卻不容懷疑那個正在懷疑的『我』的存在。」(即Cogito, ergo sum〔我思故我在〕)。亦即，確認自己真實存在的根據就是自己的感覺。

然而，自己再怎麼有感覺，它既不是確切的東西，也無法成為其他人判斷的標準。

因此維根斯坦在書中指摘，這種從唯我論出發的知識論，只不過是自我信念的強調，或是一種語言用法的錯誤。

CHAPTER 7

揭開「權力支配的假面」！

傅柯

Paul-Michel Foucault

我認為自己所寫的東西是地雷，
不然就是炸彈的外衣。
不，應該說，至少我是這麼盼望的。

傅柯的此番發言並非誇張其詞。
他是出自真心如此盼望。
無論是在做學問的時候，或是在私生活中，
傅柯一直在與世間的常理和權力作戰。

保羅－米歇爾・傅柯

Paul-Michel Foucault, *1926-1984*

保羅－米歇爾・傅柯誕生於法國一個外科醫生世家，接受天主教的洗禮。他在富裕的家庭中成長，走的是法國人眼中所謂的菁英之路。

傅柯的父親希望將他栽培成一位外科醫生，但傅柯在年僅十一歲的時候便表明自己想成為一位歷史教授。後來他確實當上了法國最高教育機構法蘭西公學院（Le Collège de France）的教授，成為思想史學家的一號人物。

而且，不僅限於歷史學領域，傅柯接連發表了數部足以改變至今以往的歷史觀的著作，每一回都提出了在社會掀起思想波瀾的嶄新觀點。

傅柯從那些嶄新觀點延伸出的思想，受到了十九世紀哲學家尼采對於絕對真理的堅決反對的態度很大的影響。

尼采在《快樂的科學》第一卷提到「給勤勉者的幾句話」，寫了以下這段文字：

「對那些有志在今日進行道德現象研究之人，有數量龐大的研究領域可供選擇。各種人類的情感必須一一加以深思，每一個時代、民族、大小個體的研究都猶待開發……在此之前，那些為我們的存在增色的各種道德現象，研究歷史仍是一片空白。換言之，像是愛的歷史、貪欲的歷史、嫉妒或良心的歷史、虔敬或殘虐行為的歷史，哪裡有人研究過呢？就連律法的比較史，甚至是刑罰的比較史，一直以來也不見有人研究。」

或許是受到這段文字的觸發，傅柯寫下震驚當代的《規訓與懲罰：監獄的誕生》（*Surveiller et punir: Naissance de la prison*）一書。

這本書和從前那些內容出自學者不著邊際的文字，由官方編訂、缺乏批判精神的歷史書完全不同。傅柯揭示了權力的支配是如何巧妙地如空氣般環繞在

7 揭開「權力支配的假面」！傅柯

我們周圍的祕密。

傅柯大膽掀開了一般人不易察覺的權力支配的假面。對此，傅柯亦有自覺。他甚至曾在訪談中如此說道：

「我所做的事，在各方面來說都稱不上是哲學，也並非科學……我是一名煙火師傅。我所創造出來的東西，到頭來只對占領、戰爭和破壞有幫助。」

「我認為，我的書就像是地雷，是爆破物的外衣。」

傅柯厭惡權力支配，他寫下「具有地雷作用的思想書」以震撼世人，並積極參與為移民者請願的示威遊行等社會運動。

參與同一場示威活動的尚－保羅・沙特（Jean-Paul Sartre，一九〇五－一九八〇）曾譏諷傅柯是「知識官僚」，但他的批評並不公允。喜好美酒和女色、過著藝文界人士輕浮生活的沙特，並沒有理解到傅柯的認真與偉大之處。

傅柯是個把圖書館當作辦公室的書蟲，活得耿直坦率，但認真的個性也使他陷入抑鬱。其中一個原因是他的性取向。在同一篇訪談裡，他吐露道：

「在私人生活也一樣，在我意識到自己的性取向以後，我一直有種被社會排除在外的感覺。我並不是覺得被社會拋棄，只不過，我覺得自己似乎是屬於社會較陰暗的那部分。」

傅柯是名同性戀者。他的伴侶為他編寫的年譜如此記載：

「高等師範學校時代的傅柯為自己的容貌、性取向感到苦惱，對他而言，那是一段痛苦的時期。」

後來，傅柯剃去頭髮，以那獨特的造型示人。他從這個時代性少數※1（Sexual minorities）的視點進行發想，所獲得的思想創見顛覆了傳統的歷史觀。

傅柯於一九八四年死於愛滋病引起的併發症，他留下的其中一封遺書寫著「與其成一個殘廢，我寧願死亡」。

主要著作

《古典時代瘋狂史》（*Histoire de la folie à l'âge classique*）、《臨床醫學的誕生》（Naissance de la clinique: une archéologie du regard médical）、《詞與物》（*Les Mots et les choses: une archéologie des sciences humaines*）、《知識考古學》（*L'Archéologie du Savoir*）、《規訓與懲罰：監獄的誕生》、《性意識史Ⅰ：認知的意志》（*Histoire de la sexualité: La volonté de savoir*）、《性意識史Ⅱ：快感的使用》（*Histoire de la sexualité: L'Usage des plaisirs*）、《性意識史Ⅲ：自我的關注》（*Histoire de la sexualité: Le Souci de soi*）等。

1〔編注〕性少數包括女性同性戀、男性同性戀、雙性戀，以及跨性別。

「哲學」可以改變「時代」嗎？

◈以下這篇文章，你是否覺得有違和之處？

關於傅柯的哲學手法，與其大費周章地解釋，或許舉個簡單的例子會更好理解。譬如，希望各位能試著在以下的這段文章中找出偏頗之處。

「尼采二十四歲年紀輕輕便取得瑞士巴塞爾大學（Universität Basel）古典語文學教授的職位，但日後卻歷經十年的流浪生活，四十五歲時他在義大利的杜林街上突然發狂，在母親和妹妹的看顧下，於十年後離開人世。這個從前曾被譽為天才的男人，年僅五十五歲便壯年早逝，人生的最後竟落得如此悲慘末路。」

讀完這篇文章，大多數人並不覺得有異。

就算是疑心較重的人，頂多也只會關注內容的真偽。也就是說，他們只會為了確認尼采是不是真的在二十四歲當上教授，是不是真的在四十五歲那年發瘋而去查閱其他的文獻或資料。

但就算是那些人，恐怕也不會對文章中出現的以下描述抱持一絲懷疑吧。像是「年紀輕輕」、「流浪」、「突然發狂」、「被譽為天才」、「壯年早逝」、「悲慘末路」等。

這些描述並非不適切或是於事實有誤。只不過，從這些描述可以得知寫出這段文章的人是處在醫療器材完備的現代，生活在受到基督教文化圈影響的先進國家，受過一定程度的高等教育，可能是屬於中產階級以上階層，並且具備社會常識。

之所會推斷撰文者是現代人，是因為文章裡把二十四歲形容為「年紀輕輕」，把在五十五歲去世形容是「壯年早逝」。會以這種基準來判斷年齡，代表所處時代少有會壓低平均年齡的大規模戰爭或疫病災害，並且醫療設施完備，因而使該時代的人有長壽並非難事的感受，也就是居住在安全環境的現代人的感受。

同樣的，會使用「流浪」這種詞語，則是出自認定定居為一種常態化現象的人的手筆；「發狂」則是受到對正常與異常做出二分概念的近代醫學，以及基督教文化圈影響之人會有的表現。不僅如此，「發狂」這種說法內含了認定那種情況對人的生命是負面因素的政治判斷。

「天才」的說法則曝露了撰文者評斷一個人的時候，會以能力高低做為評價基準。

會選用「悲慘末路」這種表現方式的人，在心理上將死亡視為非日常的事件，這也是將在安全潔淨的狀況下迎接死期視為正常的死亡條件之一的現代都市居民的典型價值判斷。

換言之，在描述或記錄某一事項的時候，我們並非總是保持正確、公平、不帶任何偏見與成見，我們可能會受到某些人的影響，無法如實地進行記述。

不，或該說，要做到如實呈現反而是不可能的事。

我們的表現方式、想法、概念、價值觀念、立場、遣詞用字等，一定會受到所處時代、地域、政治狀況及統治手法的強烈影響。

比方說，我們現在可以各自隨機寫下幾個詞語或短文。但我們所寫下的每一個詞語的使用方式和意義，都是在現代文化、文明與統治政權的規制及傳播下的產物。

所以，若是江戶時代的人看到你寫的詞彙或短文，他們想必無法理解。別說要理解，他們可能會有完全迴異的感受。就像那個時代的人沒有「初戀」這種觀念，甚至連「遲到」的概念都尚未建立。

我們腦袋裡的想法也是一樣。世人所認定的再單純簡明不過的常識，其實也是在所處時代背景下形成的。

譬如，認定人的性別不是男人就是女人，所以異性戀才是普世現象，同性戀則是異常；或是認為民主選舉與政治才是公平，每個人都是獨立個體的思想等，例子不勝枚舉。

這些都是經過統治體制權力規制後的看法，只不過我們自身並沒有覺知到這種情況。

話語的陳述方式和意義在不同的歷史時代是如何運作？又是從哪些時代出現什麼樣的轉變？傅柯從橫跨各領域的古今文書檔案，細緻地對此進行考察分析。

在此之前提及哲學時，人們往往會問「某某的哲學為何」，然後得到類似「就是這樣那樣」的答案。就像可以向別人解釋包裹裡的東西是什麼似的。

但涉及傅柯的哲學時，像這樣的問答是不可能的。因為傅柯的哲學並沒有包裝任何東西。所謂傅柯的哲學，便是他的研究方法。

傅柯將自己獨特的研究方法命名為「知識考古學」。這裡的「知識」，指的並不是純粹的知識。還包含了價值判斷。廣義來說，是指形成該時代樣貌基礎的知識、學說、學問、一般常識等，以及該時代的語言廣泛涵蓋的知識情況。因為是從過去遺存的文書檔案將這些訊息仔細地挖掘出土，所以稱作知識考古學。

傅柯利用這樣的手法所挖掘出來的知識，是主導該時代社會普遍想法、行動與學問方向的「知識的結構」。他稱之為「知識型（Épistémè）」。「Épistémè」源自古希臘語，意指「學問知識」、「真理探究的知識」，但在傅柯的運用下，如今已成為一種哲學術語，有了新的意義。

以下將依序介紹傅柯主要著作的概略。

◈《古典時代瘋狂史》探討的是什麼？

傅柯在博士論文《古典時代瘋狂史》（英文節譯本名為《瘋癲與文明》）中，記述了十七世紀中葉歐洲突然興起的監禁設施的設置經緯。

在此之前，僅有痲瘋病患需要隔離在療養院，但於一六五六年設置的一般療養院，不僅是苦於精神疾病之人——也就是所謂的「瘋子」會被強制收容，就連流浪者、窮人、乞丐、不事生產者、性病患者、奢侈成性的父親、心智遲緩者、殘疾人士、體弱多病的人、無神論者、不孝子、窮學生、妓女、雞姦者等都會被送進療養院。人口六十萬的巴黎，結果有百分之一的人都被收監。

那些人之所以成為監禁對象，是因為他們被視為「無理性」。當時體制內的人士對那些非理性的存在心感不安，因而藉由隔離「瘋子」的舉措來肯定自己是屬性理性的一方。

立。

這樣的劃界方式，也透露出理性的存在其實是因為瘋狂的概念才得以成

再者，療養院並不是醫療設施，而是將「非理性者」監禁起來，命他們工作的設施，消除失業問題也是設置的目的之一。「非理性者」之所以會成為一般人不安的種子，是因為他們被視為否定基督教倫理及富裕階層價值觀的危險存在。簡而言之，便是被視為「與追求單一化的體制格格不入的人群」。

進入十八世紀後，治療目的也涵蓋在內，開始將精神失常者收置在精神病院內，但在那裡所謂的治療就等同是一種道德懲罰。又，這類設施之所以受到支持，也是受到社會上對醫療從事者過度崇敬的風氣影響。

《臨床醫學的誕生》一書，記述了法國臨床醫學成立的歷史過程。當時的臨床醫學只關注病人身體出現的病狀，缺乏在人體內部尋找疾病根源的視野。

◈於十九世紀萌發的「人的概念」

傅柯在使他聲名大噪的《詞與物》一書中，闡述了人類一直以來是如何看待世界的轉變，也就是所謂認知的歷史（歐洲文化發展認識型的歷史）。

在文藝復興時代、十六世紀的百科全書裡，除了實際觀測到的生物，還記載了類似像龍這樣的傳說生物。在那個時代，實際目睹過的生物和傳說故事裡出現的生物兩者之間並沒有任何區別。

只關注在事物表面形式上的相似性，便是十六世紀知識型的特徵。舉例來說，就因為人的大腦外觀和核桃的形狀近似，當時的人真心相信吃核桃對治療腦部疾病有效用。

十七世紀到十八世紀，博物學漸漸不再將傳說生物的記述納入其中，但仍以可見特徵來替動植物進行分類。對於內部構造，亦即動植物的器官機能，則並未加以注目。

7

揭開「權力支配的假面」！
傅柯

十九世紀後，知識型有了急速轉變，生物學開始將目光轉向器官的機能，自然科學進一步發展，解剖學也隨之登場。

支援社會生活眾多事項的「勞動」、「語言」、「生命」等科學受到放大關注，與之相關的「人」的概念也應運而生。

為了進一步闡明「人」到底是什麼，哲學人類學、心理學、人類學、歷史學等學問相繼出現。

在此之前，並不存在所謂「人」的概念。存在的只是以血統、身分、官職、出生地、職業等被分類的各種貴人或賤民。

那時世人完全沒有所謂平等或歧視的觀念，一個人生命的輕重打出生便由身分和出身決定是普遍的看法。

所以，神和自然，以及由上述力量所決定的命運，對人們的現實生活具有壓倒性的影響力。

然而進入十九世紀之後，這樣的想法有了巨大轉變。「以人為中心來看待世界」的知識型成為主流。

「十八世紀末以前，『人』的概念還不存在……『人』的概念不過是知識這個造物主用不到兩百年的時間親手形塑而成的新近產物。」

此處所提到的「知識這個造物主」，自然是用來比喻會隨著時代轉變的知識型。

這種知識型將人類視為一個整體做為認識主體的情況，傅柯形容是「人的誕生」。這是「人」的概念第一次出現在公眾面前。傅柯在《詞與物》的最後數頁也多次提到：

「總而言之，有一件事是確定的。對於人的討論，並不是人類知識所提出的最古老的問題，也不是最恆常出現的問題……人只是新近的一種發現。」

既然「人」的概念是十九世紀後的知識型形塑的結果，在時代的知識型轉變之際，這個概念自然也會漸漸消失。傅柯在該書的最後一行寫道：

「我可以和你打賭，人的概念終會如同海邊沙灘上的一張臉被抹去。」

在《知識考古學》一書，傅柯記述了自己的「考古學」方法。這本書並不是自古以來的歷史研究或思想史研究，將各時代文書檔案裡那些看不見的東西公諸於世，才是傅柯考古學的方法。

◈沒有人可以從權力的網絡逃開

傅柯知名的著作《規訓與懲罰：監獄的誕生》（法語書名為《監視與懲罰》）一書，是透過歐洲懲罰形式的變化，討論權力機制的質的變貌。

在過去君王統治時代，對犯罪者的懲罰基本是採取殘酷手段，對犯下重罪者執行殘虐的公開死刑。

以身體的刑罰徹底讓人民知道誰才是支配者，以可能會被殺的恐懼心理來統治人民，這是以「死的權力」執政的典型處罰。

從這個角度來看，法國國王路易十四的名言「朕即國家」很貼切地以文字表現出支配與統治的實況。國王才是國家這具身體實質上的頭，人民則是為頭服務的內臟、四肢或其他部位。最重要的頭位於身體的頂點位置，如果身體有部位反對或阻礙到頭的存在，就必須予以肅清或廢棄。

那些掌握「死的權力」的支配者們的血統、姓名、容貌、行動都是公諸於世的。為了誇耀自身的權力，他們曝露在眾人目光之下。他們的容貌和身姿會被鑄刻在貨幣上、做成雕像或繪製成肖像畫廣為宣傳。另一方面，處於受支配地位的大眾，連名字都不會有紀錄，只是一群面貌不清的烏合之眾。

這種權力支配的特徵在十八世紀末出現反轉。原本在台面上展現權威的統治者行動變得極端不透明。相反地，大眾的身分卻變得透明化，不論是出身、姓名、職業、家族型態都被詳細記錄下來。

懲罰的形式也出現巨大變貌，對身體的殘酷刑罰和公開處刑消失了，轉為以禁錮、懲役、徒刑、居住限制等，也就是所謂「剝奪自由的刑罰」來執行。不是折磨身體或賜死，而是限制自由的時間和空間。

乍看之下，懲罰的方式似乎從過去出於報復或制裁意圖的刑罰轉變成較溫和人道的型態，但實際上並非如此。

懲罰方式已質變為一種巧妙的政治手段，將那些對現行權力體制沒有用處的人套進一種社會化的模型以便於管理。

因此，監獄裡的受刑人一舉手一投足都處在監視之下。作息時間、生活規矩、動作舉止、遣詞用字、思考模式都受到規定，被要求遵守。

但如同再犯率數字所示，這些懲罰對受刑人的回歸社會並無助益。因為管理受刑人的真正目的，其實是為了對那些不符合社會基準的人進行規訓，使其「規格化」。

大眾規格化的機制在學校也是一樣的。義務化的學校教育從動作舉止到時間觀念（譬如遲到或早退）都已規格化。

把符合權力體制意圖的解答訂為正確答案，由考試來決定成績，以學生思考規格化的程度來決定名次。在學校的名次則用來當作進入下一個階段時的能力判斷依據。

軍隊、工廠、醫院也同樣受到規格化，處在體制下的每一個人都是分類的對象。

倘若超出這些分類和規格，便與社會所廣泛推行的制度無法配合，生活上會出現不便。因此，大多數人只得接受權力所推動的眾多規範及思考模式，漸漸變成權力體制底下符合規律的「馴服的身體」。

權力過去是以物理強制力和恐懼來控制人民行動和思考，近代國家形成以後，則開始以新的方式來維持體制秩序。

這時，生物學、教育學、心理學、社會學等新興學問科目就能有效地派上用場。換言之，國家不是單方面強制推行，而是以科學理由為依據，將自己的管理和統治正當化。

如果人民只是有生產力，對國家並非一定有利。國家需要的是人民既有生產力，又服從國家。為此需要巧妙的控制引導，必須運用各種科學知識。這便是近代國家前所未有的權力滲透的方式。

體制所提供的標準生活，是遵循規格制定的。就算有少數人無法提供社會生產力，藉由各層級的援助及國家補貼，生活仍能維持在規格內的水平。福利社會便是源自此種權力標準。

換句話說，不像過去是掌握「死的權力」，近代以後國家所施展的權力是一種對生活方式的柔性權力，從人民的私人生活到思考模式都要干涉，是一種足以左右人民生活方式的權力，也就是所謂的「生命權力」。

「生命權力」看似是一種為人民著想、重視福利的權力。然而，這種將個人資訊、居住地、能力等情報依時間記錄管理的「生命權力」機制的做法，其實就如同把全民關進關囚犯的全景敞視構造監獄裡進行監視統制一般。

並且，如今個人的自由和主體性受到高調倡導，許多人因此認為自己過的是自由的生活，是依個人意志在行動。實際上，這不過是「生命權力」引導產生的錯覺。個人的自由和主體性其實也在「生命權力」所設定的規格內。

因此個人的主體性（不論本人作何想法）始終是受到規格化的，美其名為主體性，其實只是從屬於「生命權力」之下。

如此一般，就連一些看似是違反社會規範的意志或思想，亦是權力設定的規格網絡的產物，體制秩序因此大致得以維持。

◈就連「性」也在權力的掌握之中

傅柯最後的著作《性意識史》原預計共有四卷，但隨著傅柯的去世，最後僅出版了三卷。第四卷書名原訂為《肉體的告白》。

在《性意識史I：認知的意志》裡，傅柯提到權力為了達到徹底管理，甚至深入操控人民的性生活，將其導向某一種特定模式的性行為。

例如，先由精神醫學明訂什麼樣的性是異常行為，再由此制定相關制度，界定出什麼樣的人是性反常者（如雞姦者、曝露狂、戀物癖、動物戀、獸交、偷窺狂、老人控、冷感女性等），將之污名化。

拿法律做為後援，將其標準當作真理一般進行制度化，並興建配套設施，將那些性反常者監禁起來，讓他們接受治療。權力者表現得像是自己知道什麼樣的性行為才算是正常。

二十世紀後，精神醫學與性學研究等科學繼續壯大，衛生思想、節育、優生學等觀念受到提倡，掌權者試圖避免那些「需要費心照顧的人」出生，盡可能增加生產力高、有納稅能力的人民，無孔不入地介入人民的私生活。而這也是一種露骨的「生命權力」的運作。

傅柯如此寫道：

「對身體的規範與人口調整，是權力對生命組織化展開的兩個極端表現……『生命──權力』毫無疑問的，是資本主義發展不可缺少的要素。

「……資本主義所需要的權力技術，是在提高力量、適應能力及生命的一般能力的同時，也要使人民是不難受到管轄的。」

在《性意識史II：快感的使用》和《性意識史III：自我的關注》裡，則主題一轉，內容從希波克拉底※2（Hippocrates）等古代醫學與哲學、道德典籍，聚焦於人類倫理。

但這裡的倫理指的是西元前四世紀古代希臘人的生活方式，而且特別是指他們的性活動。

當時的希臘人認為性活動是屬於個人選擇的行為，同時也是屬於道德的實踐領域。換言之，為了不使性行為流於衝動而導致越軌或過度耽溺，並考慮到個人身體狀況及季節，希臘人會不斷調整性行為的方式。

不過，他們這種自我統御的實踐，並不是我們以為的源自於宗教禁忌或普遍的道德原則，其目的是對自身的行為達到完全控制、不受他力操控，完全是主體性的，盡可能去追求更具美感的生活方式。就像是把自己當成一個作品來創造。

「藉由這樣的實踐方式，人們不僅是為自己訂下行為的準則，且試圖改造自身，努力讓自己成為個別的存在，肩負自己的生命及一種美的價值，將自身的生活因應某種樣式基準做為一件要事努力實現。」

2 希波克拉底（西元前約四六〇－三七〇）古希臘時代的醫者。他排除自古以來超自然力量致病的迷信說法，從巫術治療改成以臨床觀察的方法來醫治患者，並發現環境對人體健康的影響。著有《希波克拉底的誓言》等書。

對於自我管理術，希臘人發展出三種技法，分別是養生術、家庭管理術、戀愛術。

不同於現代人，古希臘人的性活動不受權力及宗教影響，是自由的、主體性的。傅柯在戀愛術的項目如此寫道：

「希臘人不會把自己對同性的愛和對異性的愛視為對立關係，不會視作是排他的兩種選擇，或在根本上不同的兩種行動類型。

「……一個人品行不檢點，是因為他對情欲缺乏抗拒的手段，與他的對象是女人還是少年無關。

「……希臘人是『雙性戀』，這點是確實的。

「……根據希臘人的見解，不論產生欲望的對象是男是女，同樣都是對『美麗的人』源自天性深植人心的欲望。」

因此傅柯一直在呼籲人們要活在權力之外，就算是透過性活動也好，不要受制於生命權力擅自決定為真理的性規範。

◈傅柯哲學的關鍵字「話語」是指什麼？

一般而言，法文「Discours」是指對某件事的說明或「書寫、談論」，以及「論述」、「演說」之意。

不過傅柯使用的時候，多半包含了「專門知識領域的論述」的意涵。此外，話語也用來指稱各時代國家及權力體制所創造出來的支配體制的全體。因為，社會上的所有話語和行動，都受到權力的深厚影響。

譬如性這件事，照理說沒有人知道什麼樣的性才是正確的性。總之，性的真理無從尋得。然而，每個時代卻都集結了有關性的各種知識從而形成學問，並把那門學問視為真理來決定性應有的形式，衍生出制度與法律，使人民在那樣的框架下受到支配。

因此，不僅是行政文件或學術書籍，在世上流傳的書籍、一般的倫理、道德觀念、每個人的善惡觀及對正義的看法，背地裡都受到權力支配，由權力來決定走向，所以都是「話語」。

我們所看見的現實，並不是現實真正的面貌。人如何感知並感知到什麼事物，都受到話語的規定。

我們並不是全面性地接收所觀察對象的訊息，而是受到話語的限制，只能截取對象的一小部分資訊。我們對事物的看法便是以這種方式形成的。

當然，話語會隨著時代轉變。好比從前的博物學到了今日變成了生物學。此外，還經常有新的話語出現。就像精神分析學、心理學和社會學等。各類話語在最初的階段或許都是專業用語，但隨著時間過去，該技術及使用方法會逐漸普及到一般大眾，成為人人都能理解的日常用語或看法。

例如，「意識」、「無意識」這兩個詞彙的用法和意思，兩百年前的人不會知道。當話語普及於世之際，就表示與話語配套的社會結構、制度、設施已然建立。

換言之，藉由話語，權力可以創造出其支配下的制度、思想、社會，甚至是人。

傅柯在訪談中如此說道：

「實際上，權力擁有創造的能力。權力甚至可以創造出所謂的個人。像個人的存在、個人的身分，其實都是權力的產物。這便是我所要警戒的。我一直留心不要掉進陷阱。」

儘管如此，傅柯並非在迂迴地提倡無政府主義。他只是不想被權力創造出來的話語——被以那樣的方法統治，希望自己能夠遠離權力的話語。

傅柯的目標並不是要引導出某種主義和某種思想。他只是想藉由個人微小的反對及抵制，對目前的統治方式造成影響，以帶來改變。

也就是說，他選擇不過唯唯諾諾地從屬於權力和統治的人生。

卷末附錄　五十三位哲學家的語錄

我摘錄了昔日哲學家所留下的語句，做為本書的附錄。這裡選定的句子並非什麼名言金句，而是可以看出那些哲學家各自思想特徵的文句。

收錄於此的哲學家之中，有許多人的思想曾為人類社會帶來諸多影響。儘管那些哲學家已不在人世，他們留下來的思想依然在推動著社會，為我們帶來新的刺激。

從這個角度來看，可以說他們猶活在人世。

「水是萬物之源。」
——米利都的泰勒斯（Thales，西元前約六二四－五四六）

「世界是從一種不定的、無限定的本源（Apeiron）中產生的。」
——阿那克西曼德（Anaximander，西元前約六一〇－五四六）

「氣是萬物的第一原理。」
——阿那克西美尼（Anaximenes，西元前約五八五－五二八）

「靈魂不死。」
——畢達哥拉斯（Pythagoras，西元前約五七一－四九六）

「世界過去存在，現在存在，今後也存在，世界是永恆的活火。」
——赫拉克利特（Heraclitus，西元前約五四〇－四八〇）

「存在不生不滅，不變不動。」
——巴門尼德（Parmenides，西元前約五世紀前後）

「知識即美德。」
——蘇格拉底（Socrates，西元前約四六九－三九九）

「這個物質世界，是完全理想世界的模仿物。」
——柏拉圖（Plato，西元前約四二七－三四七）

「一切事物都是由移動的原子組成的。」
——德謨克里特斯（Democritus，西元前約四六〇—三七一）

「神是一切的推動者，神擁有人格。」
——亞里士多德（Aristotle，西元前約三八四—三二二）

「靈魂優於身體。」
——普羅提諾（Plotinus，二〇五—二七〇）

「惡源自於人的自由意志。」
——奧古斯丁奴斯（Aurelius Augustinus，三五四—四三〇）

「神是純粹的知性。」

——邁蒙尼德（Maimonides，一一三五－一二〇四）

「靈魂和軀體，兩者組成一個實體。」

——湯瑪斯・阿奎那（Thomas Aquinas，一二二五－一二七四）

「人在思考一件事的時候，
如果不把那件事當作真實存在，便無法思考任何事。」

——奧卡姆的威廉（William of Ockham，一二八五－一三四九）

「權力即善。」

——尼可洛・馬基維利（Niccolò Machiavelli，一四六九－一五二七）

「人的理智已被先入之見所占據。」
——弗朗西斯・培根（Francis Bacon，一五六一－一六二六）

「人在前進的狀態時，會感到快樂；
人處於離開的狀態時，會感到痛苦。」
——霍布斯（Thomas Hobbes，一五八八－一六七九）

「當我思考的時候，我的存在是無庸置疑的。我思故我在。」
——笛卡兒（Rene Descartes，一五九六－一六五〇）

「實體只有一個，那便是神。」
——史賓諾莎（Benedict de Spinoza，一六三二－一六七七）

「人的心靈猶如白紙。經驗會成為原料，供心靈運作。」

——約翰．洛克（John Locke，一六三二－一七〇四）

「實際存在的一切事物都是由非物質性的無數單子實體所組成。」

——戈特弗里德．威廉．萊布尼茨（Gottfried Wilhelm Leibniz，一六四六－一七一六）

「物質不存在於現實，人看見的是自己心中的觀念。」

——喬治．貝克萊（George Berkeley，一六八五－一七五三）

「人是最大的謎團。」

——拉美特利（Julien Offray de La Mettrie，一七〇九－一七五一）

「自我並非是堅定不移的，你所定義的自我不過只是一簇知覺。」
——大衛・休謨（David Hume，一七一一－一七七六）

「共同意志是與把公民集結在一起的共同利益有關，而不是公民數量的多寡，當共同意志被立法之時，自由才得以實現。」
——盧梭（Jean-Jacques Rousseau，一七一二－一七七八）

「空間和時間並不存在於外部，只是人用來感知某件事的工具。」
——康德（Immanuel Kant，一七二四－一八〇四）

「尋求最大多數人的最大幸福，是道德及法律的基礎。」
——邊沁（Jeremy Bentham，一七四八－一八三二）

「一切事物的發展都是來自辯證法的運動。」

——黑格爾（Georg Wilhelm Friedrich Hegel，一七七〇－一八三一）

「一切表象都是意志的展現。」

——叔本華（Arthur Schopenhauer，一七八八－一八六〇）

「一件行動是對的，與它增進幸福的傾向成比例。」

——約翰．彌爾（John Stuart Mill，一八〇六－一八七三）

「重要的是，要找出對自己而言絕對真實的真理。」

——齊克果（Soren Kierkegaard，一八一三－一八五五）

「活得堅強」的哲學
白取春彥

「人的意識是由人在社會中所處的地位境況決定的。」
——馬克思（Karl Marx，一八一八－一八八三）

「什麼事該怎麼樣，這一切都是詮釋。」
——尼采（Friedrich Wilhelm Nietzsche，一八五七－一九一三）

「使語言得以成立的，不是其形狀，也不是其意思或發音，而是差異。」
——索緒爾（Ferdinand de Saussure，一八五七－一九一三）

「有生命的事物才會死亡。由此可見，死亡不是生命的終點。」
——齊美爾（Georg Simmel，一八五八－一九一八）

「世界在你眼中顯示的面貌，完全取決於你自己的意識。」

——胡塞爾（Edmund Gustav Albrecht Husserl，一八五九－一九三八）

「時間不是時鐘上的刻度，
而是不斷變化的事物的流動，即生命的流動。」

——柏格森（Henri Bergson，一八五九－一九四一）

「哲學必須要能解決現實上的問題。」

——杜威（John Dewey，一八五九－一九五二）

「基督徒的禁欲及勤勉產生利潤，催生出資本主義。」

——馬克斯・韋伯（Max Weber，一八六四－一九二〇）

「減少勞動的時間，增加閒暇及娛樂，創作性即源自於此。」

——羅素（Bertrand Arthur William Russell，一八七二－一九七〇）

「我們無法分析存在於我們心中的善。」

——摩爾（George Edward Moore，一八七三－一九五八）

「歐洲的文明及文化皆是誕生自浮士德式的動盪不安。」

——斯賓格勒（Oswald Arnold Gottfried Spengler，一八八〇－一九三六）

「靠排列組合形上學的語言，並無法陳述事實。」

——摩里茲・石里克（Moritz Schlick，一八八二－一九三六）

「哲學提供人們世界觀，意即人生的意義和目的。」
——雅斯培（Karl Jaspers，一八八三－一九六九）

「那些不可說的事物，才是重要的事物。」
——維根斯坦（Ludwig Josef Johann Wittgenstein，一八八九－一九五一）

「世界並非存在於自身的外部，而是人處在世界的整體聯繫中。」
——海德格（Martin Heidegger，一八八九－一九七六）

「不抱期待、不求回報地去愛人。這是了解人類唯一的方法。」
——班雅明（Walter Benjamin，一八九二－一九四〇）

「人會變成他自己想要成為的那種人。」
——沙特（Jean-Paul Sartre，一九〇五－一九八〇）

「一個不去思考的普通人
會因看法及判斷的錯誤而犯下可怕的罪行。」
——漢娜・鄂蘭（Hannah Arendt，一九〇六－一九七五）

「知覺、思考、精神、身體皆為一體，由此以新的眼光看待世界。」
——梅洛－龐蒂（Maurice Merleau-Ponty，一九〇八－一九六一）

「女人必須跳脫社會加諸於己的女性形象，獲得自由。」
——西蒙・波娃
（Simone Lucie Ernestine Marie Bertrand de Beauvoir，一九〇八－一九八六）

「人的概念並非自古有之。
人的概念不過是十八世紀末以後才建立起來的觀念。」
——傅柯（Michel Foucault，一九二六－一九八四）

「活得堅強」的哲學

從六位哲學家的獨到思想，解決不安、迷惘、苦惱的根源

「活得堅強」的哲學：從六位哲學家的獨到思想，解決不安、迷惘、苦惱的根源／白取春彥著；戴偉傑、張富玲譯.
－初版.－臺北市：麥田出版：家庭傳媒城邦分公司發行，2016.4
譯自：「強く生きる」哲学：なぜ生きる？幸福とは？人生とは？
ISBN 978-986-344-309-4（平裝）
1.西洋哲學
140　　104029163

封面設計　高偉哲
印　　刷　漾格科技股份有限公司
初版一刷　2016年4月

定　　價　新台幣300元
I S B N　978-986-344-309-4
Printed in Taiwan

作　　者　白取春彥
譯　　者　戴偉傑、張富玲
責任編輯　林如峰
國際版權　吳玲緯
行　　銷　艾青荷　蘇莞婷
業　　務　李再星　陳玫潾　陳美燕　杻幸君
主　　編　蔡錦豐
副總經理　陳瀅如
編輯總監　劉麗真
總 經 理　陳逸瑛
發 行 人　凃玉雲

出　　版
麥田出版
台北市中山區104民生東路二段141號5樓
電話：(02) 2-2500-7696　傳真：(02) 2500-1966
網站：http://www.ryefield.com.tw

發　　行
英屬蓋曼群島商家庭傳媒股份有限公司城邦分公司
地址：10483台北市民生東路二段141號11樓
網址：http://www.cite.com.tw
客服專線：(02)2500-7718; 2500-7719
24小時傳真專線：(02)2500-1990; 2500-1991
服務時間：週一至週五09:30-12:00; 13:30-17:00
劃撥帳號：19863813　戶名：書虫股份有限公司
讀者服務信箱：service@readingclub.com.tw

香港發行所
城邦（香港）出版集團有限公司
地址：香港灣仔駱克道193號東超商業中心1樓
電話：+852-2508-6231　傳真：+852-2578-9337
電郵：hkcite@biznetvigator.com

馬新發行所
城邦（馬新）出版集團【Cite(M) Sdn. Bhd. (458372U)】
地址：41, Jalan Radin Anum, Bandar Baru Sri Petaling,
57000 Kuala Lumpur, Malaysia.
電話：+603-9057-8822　傳真：+603-9057-6622
電郵：cite@cite.com.my